智元微库
OPEN MIND

成长也是一种美好

知识管理系列

成长

持续

日本の持続的成長企業

日本优质长寿企业的
实践智慧

［日］野中郁次郎　主编

［日］招聘管理解决方案组织行动研究所　著

刘会祯　马奈　译

人民邮电出版社

北京

/ 第一部分 /

持续成长型企业的特征

第一章　持续成长型企业的管理模式　　　　　　　　　　　19

　　　三种组织能力与三组价值标准　　　　　　　　　　20

　　　组织能力与业绩的关联性　　　　　　　　　　　　21

　　　组织能力的结构　　　　　　　　　　　　　　　　25

　　　丰富的提高组织能力的经营资源　　　　　　　　　26

　　　支撑组织能力的价值标准　　　　　　　　　　　　28

第二章　持续成长型企业具备的组织能力　　　　　　　　29

　　　执行与变革力　　　　　　　　　　　　　　　　　31

　　　知识创造力　　　　　　　　　　　　　　　　　　44

　　　愿景共享力　　　　　　　　　　　　　　　　　　52

第三章　持续成长型企业的价值标准　　　　　　　　　　63

　　　既重视社会使命，也追求经济效益　　　　　　　　65

　　　共同体意识与良性竞争共存　　　　　　　　　　　73

　　　既放眼未来，也直面现实　　　　　　　　　　　　85

/ 第二部分 /

实现持续成长的组织建设和人才培养

第四章　阻碍企业持续成长的壁垒　　　　　　　　　　　95

　　　经验壁垒　　　　　　　　　　　　　　　　　　　100

　　　现状壁垒　　　　　　　　　　　　　　　　　　　104

　　　组织结构壁垒　　　　　　　　　　　　　　　　　111

第五章　组织和人力资源管理的关键　　　　　　　　　119

　　灵活的组织结构和人员配置　　　　　　　　　　123

　　场的建立　　　　　　　　　　　　　　　　　131

　　过程评价　　　　　　　　　　　　　　　　　136

　　着眼未来进行人才招聘及培养　　　　　　　　146

　　发挥制度的意义并对其不断完善　　　　　　　151

终章　为成为持续成长型企业而努力　　　　　　　　157

注释 [①]

附录 / 163

附录 A　提升业绩的组织能力与组织人才管理调查（2009 年）　/164

附录 B　基于"DNA 调查"得出的分析结果　　/199

附录 C　使用 Recruit Works 研究所"2005 年人力资源管理调查"数据得出
　　　　的分析结果　　/202

附录 D　持续成长型企业的股票收益率走势图　　/204

结语 / 209

[①] 本书注释内容见智元微库公司网站：www.zhiyuanbooks.com. 如有需要，请前往网站下载注释内容电子
版。——编者注

致中国读者

我很荣幸地获悉，人民邮电出版社智元微库公司策划、出版了"知识管理系列"图书，并将我的部分作品纳入其中。为此，我要特别感谢清华大学陈劲教授以及所有为该系列图书在中国出版而努力的人。

我提出"知识创造理论"距今已有 20 多年。20 世纪八九十年代，我与日本东京一桥大学的同事竹内弘高和今井健一对日本公司的知识创新过程进行了广泛的案例研究。在研究这些案例的过程中，我意识到日本企业是通过"由内向外"的过程进行创新的，这有别于当时流行的组织行为主导理论，包括诺贝尔经济学奖获得者赫伯特·西蒙（Herbert Simon）提出的"信息处理范式"——一种"由外向内"的分析机制。我认为，企业应以"为社会创造更好的产品"为理念，以"创造未来"的精神实施创新活动。从这个意义上讲，企业需要更明智地开展商业活动和自我管理来造福人民。

20 多年后，我们生活在创新经济时代，知识创造理论的价值比以往任何时候都更为重要。新经济要求商业组织创造新的价值观、产品、服务或流程。在当前的动态环境中，商业组织必须在"创新"和"死亡"中二选一。此外，它们还需要比前几十年更广泛、更明智地扩展业务视角和范围，因为我们看到，社会和环境中对商业事务有重大影响的问题的相关性与复杂性日益增强。商业组织不仅应反映客户需求或股东价值观，还应密切关注其他利益相关者、环境可持续性和社会问题，这些都是其商业模式的一部分。这就给这些商业组织带来了严峻的挑战，因为商业组织试图控制的要素越多，就越难达成它们的目标。那么，它们如何才能完成如此艰巨的任务呢？在我看来，答案是知识创造和知识实践。

知识创造范式为组织创新提供了可行的解决方案。由"社会化、外显化、组合化、内隐化"构成的 SECI 知识创造模型，体现了隐性知识与显性知识相互作用创造新知识的组织范式。虽然商业组织知道这两种知识都是必要的，但是，即使我们生活在大数据时代，它们也需要在具体的业务活动中让隐性知识处于首要地位。身体经验和直觉（隐性知识）等事物构成了我们拥有的所有知识的基础，我们需要时刻注意人们正在经历的事情，以及我们如何交流感知和经验以获得新的想法与产品。最终，隐性知识促使"由内而外"的创新过程得以实现。

为了积累和综合新知识，我们需要一个"创造的空间"。我们称之为"场"（Ba），这一概念最初是由日本哲学家西田几多郎（Kitaro Nishida）提出的。在场中，人们有意识、全心全意地致力于一个共同的目标，通过人际互动和环境互动产生新的知识。"场"是一个创造互动的临时空间。为了创造成功的场，我们通过关心、爱、信任和彼此接受建构的同情心与同理心，对"主体间性"（intersubjectivity）[①] 的形成产生重要影响。主体间性使我们能够最有效地分享我们的隐性知识，从而产生更好的知识创造成果。

---

① 德国哲学家埃德蒙德·胡塞尔（Edmund Husserl）广泛且深入地讨论了这一概念，指人对他人意图的推测与判定。——译者注

这种知识创造的互动过程使我们认识到，我们所知道的东西取决于我们与谁互动、我们从文化和社会中了解到了什么，以及我们进行知识创造的环境是怎样的。人类的任何知识都是"集体知识"的一种形式。

知识创造的另一个关键之处在于，如何处理团队内部、跨团队以及组织之间的矛盾与紧张的关系。对组织而言，这些矛盾和紧张的关系既是巨大的障碍，也是巨大的创新机遇。这两个看似矛盾的结论不应该被视为泾渭分明的独立事物，因为这些问题是相互关联的。借助"动态二元性"（dynamic duality）① 的概念，我们可以把它们看作互补的因素。动态二元性告诉我们，理解这些矛盾要素之间的关系和相互联系，能引导我们找到一个整体的解决方案。

要做到这一点，我们需要所有相关人员积极参与进来，无论他们是项目团队、组织还是组织中的一部分。在知识创造的过程中，我们建议采用"自中向上而下式"的管理模式来达成这一目标。与组织过程的每一步都由少数组织成员（通常是经理或执行人员）命令和指挥不同，创造知识的组织应该吸收并授权参与项目的其他成员做出决策并执行有效的行动。随着组织承诺和共同目标的实现，不同知识的综合将产生真正、持久的影响。

实践智慧（或实践理性）推动了知识创造。实践智慧是指通过务实的步骤，坚持不懈地追求共同利益。这种智慧不仅使我们能够适应特定的情况，还能够创造我们想要的未来。我们的信念和价值观塑造了这一明智的决策和行动过程，告诉我们可以从所选的情景和行动中获得什么意义。

---

① 动态二元性是指把相互矛盾的观点加以动态综合。——译者注

　　从本质上讲，知识创造过程是一个以人为中心的集体创造过程。正是基于作为人类的全部特征，我们才可以进行知识创新。面对经济、环境和社会的发展中遭遇的前所未有的挑战，我们需要通过知识创造来应对。希望该系列图书的读者都能欣赏这些想法，共同创造知识，为社会的美好未来而努力。

　　真诚致谢。

野中郁次郎

2019 年 8 月 19 日

推荐序一

以"知识管理"赢得现代管理的新发展

在全球经济竞争日益激烈的时代，以"知识管理"的观点设计、组织、发展的哲学、运行体系、管理模式等显得尤为重要。

这是因为 100 多年来，管理学主要经历了两个重要的发展阶段：第一，是以弗雷德里克·温斯洛·泰勒（Frederick Winslow Taylor）等人为代表的、把员工视为"经济人"的科学管理阶段；第二，以彼得·德鲁克（Peter Drucker）等人为代表的、把员工视为"知识人"的知识经济和知识管理阶段。

泰勒首次将管理视为一门科学。他指出，建立各种明确的规定、条例、标准，将一切管理内容科学化、制度化，是提高管理效能的关键；并且，他主张把计划职能从工人的工作内容中分离出来，由专业的计划部门去做。从事计划职能的人员称为"管理者"，把负责执行计划职能的人员称为"劳动者"。泰勒的理论在当时收到了很好的效果，但也存在一定的局限性。首先，泰勒的思想主要解决工人的操作、现场的监督和控制问题，管理的范围比较小，内容涉及面也比较窄，基本没有涉及组织的供应、财务、销售、人事等方面。此外，泰勒的理论虽然使生产过程的管理和控制合理化，但把雇员和业务都排斥在决策过程之外。法国的亨利·法约尔（Henry Fayol）、德国的马克斯·韦伯（Max Weber）等人对泰勒的管理思想进行了补充和完善。他们的管理思想聚焦于组织结构和管理原则的合理化，以及管理者职责分工的合理化，由此奠定了古典组织理论的基础。在科学管理的基础上，法约尔和韦伯等人的管理思想形成了成熟的质量管理和项目管理模式，并强调采用基于数据的管理体系。工业经济时代创立的管理学体系强调控制，但控制就意味着自上而下、具有强制性的管理。

早在 20 世纪 60 年代初，彼得·德鲁克就已经提出了知识工作者和知识管理的概念。在知识社会中，最基本的经济资源是知识，知识工作者将发挥越来越重要的作用，每一位知识工作者都是一位管理者，知识型员工具有更高的素质、良好的自我管理能力，严格控制在他们身上显得多余。同时，严格控制会限制知识型员工的创造力。在工业社会中，工作方法和程序由专家定义，而且一旦被定义，就不允许改变。因此，不管员工有多强的创造力，展露天赋的机会都大大减少。进入 20 世纪 80 年代，彼得·德鲁克提出"未来的典型企业以知识为基础，由各种各样的专家组成，这些专家根据同事、客户和上级提供的大量信息自主决策和自我管理"。

在"知识人"视野下，企业管理的哲学、风格、制度等应做出更大的转变。首先，减少"控制"思想，倡导"支持与关爱"模式。今天，管理者应该更多地关心和激励员工，创造适合的环境和条件，激发员工的潜质和创造力，使其实现自身的价值，进而帮助和引导员工实现自我管理。这种管理模式还蕴藏着另一个重要理念——无论成功或失败，皆有再挑战和激发勇气的精神，这是新时代企业管理的重心。

20 世纪 90 年代中后期，素有"知识创造理论之父"和"知识管理的拓荒者"之称的野中郁次郎进一步发展了面向知识人的管理体系。在《创造知识的企业》一书中，他提出了知识创造理论，以知识创造能力来诠释日本企业的成功。该书是该领域的经典之作，于 1996 年被美国出版协会评为"年度最佳管理类书籍"。

有别于其他学者将日本企业的成功归结为各种"日式管理"特色，野中郁次郎通过研究索尼、松下、本田、佳能、日本电气和富士复印机等日本公司的创新案例，归纳出组织的知识创造能力，即能"有组织地"充分调动蕴藏在员工内心深处的个人知识。他以波兰尼的知识两分法为基础，从"显性知识"和"隐性知识"的关系入手，提出知识管理的一个很重要的目标就是挖掘隐性知识，即不仅对客观信息进行简单的"加工处理"，还要发掘员工头脑中潜在的想法、直觉和灵感。

野中郁次郎不仅系统地论述了隐性知识与显性知识的区别，还构建了知识创造的 SECI 模型：社会化（socialization）、外显化（externalization）、组合化（combination）和内隐化（internalization），这为我们提供了一种知识创造的有效途径。英国管理史学者摩根·威策尔（Morgen Witzel）认为，野中郁次郎对现代管理学的主要贡献体现在两个方面：第一，他是世界上知识管理领域最重要的思想家之一，他的论述几乎覆盖该领域的每个方面；第二，对西方读者而言，他是日本管理方法及技巧的最主要的解读者之一。

野中郁次郎认为，可以将建立在西方传统哲学基础上的组织理论归结为笛卡儿式科学思维的产物。比如，泰勒的科学管理理论就立足于用"科学"代替"经验常识"，西蒙的信息处理范式受到计算机和认知科学发展的影响，过分强调人类推理和组织决策过程的逻辑。他觉得，在这种科学理性视野下的组织，本质上是没有知识创造能力的"刺激－反应"式机器。他认为，企业并不是机械地处理来自周围环境的信息，而是有意识地创造信息。他在 1985 年出版的《组织进化论》中提出了该观点。

在研究中，野中郁次郎发现，现有的信息处理理论不足以解释企业的创新行为。因为除了信息处理，创新过程还包括知识的取得、创造、运用与保存等多项活动。更重要的是，通过对许多创新者进行访谈，野中郁次郎发现，创新通常来自创新者个人的信念。通俗地讲，这些信念就是他们对世界的看法，学术界称之为"心智模式"。传统的西方管理思想认为，企业是信息处理的机器，唯一有用的信息是可以计量的数据，而野中郁次郎认为企业是创造知识的平台。"在一个只有不确定性能确定的经济环境中，持续竞争优势的一个确定性来源是知识。"知识创造理论从认识论和本体论两个维度进行阐述，包括 SECI 模型、创造知识的"场"和推动知识创造螺旋的组织方式。他构建的"自中向上而下式"的管理模式，从理论上阐释了企业中层管理人员的实践智慧在创造知识的过程中所发挥的作用，而"超文本组织"结构则体现了东西方管理智慧的现代结合。

野中郁次郎运用东、西方哲学智慧以及日本式思考和模糊处理方法，在日本企业成功实践经验的基础上建构了知识创造理论，以 SECI 模型为中心，将主观与客观、隐性知识与显性知识、直接经验与逻辑分析有机地结合起来，创造了一系列知识管理领域的经典之作。他的知识创造理论强调"人是最重要的资产，知识是企业的战略性资产"，并"以人为本"，统领现代组织管理理论。

多年来，野中郁次郎心无旁骛地把自己的精力集中在知识创造这一领域。他跟踪观察日本制造企业由弱到强的变化规律，深入研究了日本企业的知识创新经验，对佳能、本田、松下、NEC、日产、花王等企业新产品和新工艺的开发过程进行了详细的剖析，准确地揭示了知识生产的起点与终点，清晰地辨识了知识生产模式的常规类别，创造了一个全面评估企业知识管理绩效的工具，并提供了促进知识创造的方法。他的研究涉及知识管理的各个方面，如"自中向上而下式"的管理模式确立了中层管理人员在企业知识创造过程中的重要地位，超文本组织结构则吸收了官僚制和任务团队的优点，将企业运作效率、稳定性、知识创造的有效性与动态性有机地结合在了一起。

近年来，野中郁次郎不顾年事已高，坚持每月深入企业进行案例研究；同时，他还积极学习东西方哲学思想的精髓以发展组织管理理论，比如知识如何向智慧演化，特别是他引入了古希腊哲学家亚里士多德的实践智慧概念。根据亚里士多德的观点，实践智慧应该是一种审慎的、基于实际的、有道德的智慧，也是在特定背景下对共同利益做出的最佳判断，更是一种高质量的隐性知识。

实践智慧的提出，将超越组织发展的"经济目标"和量化管理，而把培养具有高度伦理价值的信仰、为人类发现更多的善意作为重点，从而建立一个有使命感的组织。例如，本田宗一郎为本田公司提出的"三喜理念"（生产者的喜悦、销售者的喜悦和购买者的喜悦）、京瓷的稻盛和夫为企业制定的座右铭——"敬天爱人"，都是实践智慧型领导力的经典事例。

实践智慧的提出，在彼得·德鲁克提出的目标管理的基础上，进一步让信念管理理念更好地在企业管理实践中落地，即组织发展更应该关注调动员工的工作激情，激发企业持续创新，同步实现个人价值与企业愿景。

展望未来，虽然企业管理的重点是依靠科学管理的思想，但是大数据和数字化转型也应成为中国企业管理的发展方向，基于 PDCA 的质量管理和 IPD 的项目管理仍然需要进一步发展。在经济价值和社会责任并重、科学管理和人文精神同步的新时代，我们应高度重视隐性知识的积累和共享，以及基于 SECI 模型螺旋上升的知识管理。需要进一步指出的是，野中郁次郎认为新的知识管理将更多地依赖愿景型领导者、共情型领导者，知识管理也将从传统的管理工具走向新管理思想的营造，特别是要用亚当·斯密的"道德情操观"而非"国富论"来引领组织未来的发展。

陈劲

清华大学经济管理学院教授

清华大学技术创新研究中心主任

《清华管理评论》执行主编

国际创新与知识管理会议（iKM）创始人兼主席

全球"最具创新力知识型组织"（MIKE）大奖联合负责人

推荐序二

创造知识的能力是企业在不确定环境下保持创新的关键

　　"知识管理系列"图书的核心作者是野中郁次郎，他在书中以知识创造为核心，阐述了关于知识创造过程、知识管理、知识科学的研究理论，并结合企业案例分享了实践成果，获得了国际学术界和企业界的高度关注与评价，由此奠定了他在知识管理领域的重要地位。野中郁次郎对时代的判断与彼得·德鲁克一致，即现在是知识经济时代，企业将以知识工作者为主体。唯有知识才是企业创造最大价值的源泉，创造知识的能力是企业在不确定环境下保持创新的关键。自 1991 年起，野中郁次郎在国际期刊上发表了一系列具有影响力的与知识管理相关的研究成果，同时他还在富士通等众多知名企业开展知识管理的实践。依托丰富的学术理论与企业实践经历，野中郁次郎在开发知识创造理论、应用知识提升企业竞争力方面形成了具有重大价值的观点。野中郁次郎最大的贡献是创设了一套组织性知识创造的理论与通用模型，并在理论与实践层面进行了深入浅出的解读，他也因此被国际管理学界公认为"知识管理的拓荒者""知识创造理论之父"。

　　野中郁次郎早年在加利福尼亚大学伯克利分校工作过，主要研究市场营销领域中的信息处理。因研究领域相似，诺贝尔经济学奖获得者赫伯特·西蒙还曾为他的书作序。通过对"信息"的一系列研究，野中郁次郎逐渐发现，信息的视角不足以支撑创新，很多时候，个人的价值观、信念对创新更具决定性作用。野中郁次郎认为，不应该仅遵循西蒙的"组织就是信息处理机器"的观点，更应该将组织视为"有机生命体"，它需要创造知识以能动地适应环境。基于这一观点，野中郁次郎逐渐将研究视野转移到知识领域，深入地探索分析其获取、创造、保存和利用的过程。

通过野中郁次郎等人在《创造知识的企业：领先企业持续创新的动力》与《创造知识的方法论》中的研究，我们认识到，知识分为两种，即显性知识（可以通过正式语言或媒介传播的知识）与隐性知识（内心知道但无法将其转换成语言的经验性、身体性知识）。组织知识创造的关键就是对隐性知识的调动与转换。有价值的知识一直存于员工的大脑中，组织管理者需要做的就是把个体大脑中的知识"调"出来，"结晶"、固化并转换为其他人也能利用的知识。组织知识管理就是针对两种知识在个体、团队及组织层面进行转换和创新的活动。围绕这一主题，野中郁次郎等人提出了著名的知识创造与转换的 SECI 模型，他们在模型中坚持本体论与认识论相结合的原则。野中郁次郎强调，组织本身并不创造知识，个体才是创造知识的主体，且只有通过个体之间的共享，知识才会在团队、部门、组织层面汇聚发展并呈现螺旋上升的态势。

野中郁次郎非常看重"场"的概念，认为知识创造的关键在于"场"与团队。场是一个活动的共享背景，发生在特定的时空背景下，它是个体之间知识交互与创造的基础。不同的场能通过相互连接形成更大的场。他在系列图书中反复地强调场和团队，认为只有个体的知识在社会或场中得到验证，并与其他人的知识进行整合，知识才得以创造与发展。

野中郁次郎认为，SECI 的四阶段分别在原始场所、对话场所、系统场所及实践场所中进行。这些观点是他强调中层领导者价值的理论基石。只有中层领导者才能更好地发挥场与场之间的桥梁作用，促进各个场之间、参与者之间的互动。中层领导者能更好地建立、激发和连接场，这从领导力入手为知识的实践管理提供了一个很好的抓手，即创发"场"的能力。在以创造力应对不确定性的时代，领导者就是要建立场让员工能迅速地解决问题。野中郁次郎在系列图书中也反复强调实践型领导力的培养，尤其强调培养创造知识附加值的领导力。

我有幸提前拜读了由人民邮电出版社智元微库公司引进的这套"知识管理系列"图书中的三本，分别是《创造知识的企业：领先企业持续创新的动力》《创造知识的方法论》《信念：冲破低迷状态，实现业绩跃迁》。

在《创造知识的企业：领先企业持续创新的动力》中，野中郁次郎等人提出了"知识螺旋""自中向上而下式"管理、"超文本组织"等适用于组织知识创造的新概念与想法，这值得读者进行深思与实践。

《创造知识的方法论》聚焦于阐述组织管理中员工必备的"知识方法论"，详细解答"知识是什么""创造知识的本质是什么"及"创造知识的方法论是什么"等问题。这本书将组织知识创造理论的哲学基础、原理及实践原则展现在读者面前。

《信念：冲破低迷状态，实现业绩跃迁》则提出了信念管理的概念。野中郁次郎等人强调，在人际关系弱化、价值观被稀释的情境下，企业更要培育从目标管理（Management by Objectives，MBO）的世界观到信念管理（Management by Belief，MBB）的世界观，对组织中的个体信念进行管理。因为组织成员共享高质量的信念能让个体重获工作价值感，更主动地学习与工作，而领导者也会成为更加称职的支持型领导者。因此，在人事评价中，组织也应该增加信念管理的内容，关注组织是否具备培育个人信念及形成信念网络的能力。作者在《信念：冲破低迷状态，实现业绩跃迁》一书中介绍了在企业中成功导入信念管理的关键方法，这使我们对信念管理的讨论不会只停留在理论层面，这本书将成为关注信念管理的领导者的必读之物。

在知识驱动变化的时代背景之下，阅读"知识管理系列"图书能产生极大的价值。通过这套书，读者会更清晰地了解组织中的知识是什么；知识创造是什么；如何在方法论层面上更好地进行组织知识创造……对这些内容的把握能让我们按照知识管理的逻辑主线去理解企业，理解组织创新力的打造。虽然读者在阅读这套系列书时会遇到一些挑战，但掌握知识以及创造知识的概念和逻辑本身就是一种挑战。如果你愿意接受挑战，去理解、掌握这套书呈现的知识和知识创造的内涵，你也一定会在未来的企业管理工作中感受到知识带来创新的美好！

陈春花

北京大学王宽诚讲席教授

北京大学国家发展研究院 BiMBA 商学院院长

2019 年 7 月 21 日于朗润园

译者序

据说企业的平均寿命大概为 30 年，企业创立 30 年后的存活率只有个位数，这说明"创业不易，守业更难"。那么，企业要想在竞争激烈的市场中立于不败之地，打破平均寿命 30 年的魔咒，成为"百年老店"，该如何做呢？本书通过对日本的持续成长型企业（即优质长寿企业）的深入研究，为广大经营管理者提供了一套切实可行的解决方案。

本书分为两大部分。第一部分从定量分析和定性分析两个角度选出具有代表性的持续成长型企业，通过分析其组织建设和人才培养的措施，明确提出了持续成长型企业具备的"三种组织能力"（执行与变革力、知识创造力、愿景共享力）和"三组价值标准"（社会使命与经济效益、共同体意识与良性竞争、放眼未来与直面现实），并阐述了它们之间的相互关系：三种组织能力相辅相成、相互作用，共同提高企业业绩，而三组价值标准是组织能力的基础。第二部分探讨了大多数企业容易坠入的陷阱和面临的障碍，指出了阻碍企业持续成长的"三大壁垒"（经验壁垒、现状壁垒、组织结构壁垒），在此基础上提出克服困难的实践智慧，即组织和人力资源管理的理想状态，从组织结构、人员配置、"场"的建立、领导者的培养等方面入手，开出了对症的"药方"。

不过，作者也明确指出，"没有能够让企业轻易地实现持续成长的灵丹妙药"，只有日复一日、脚踏实地的实践，才能创造新知识，推动企业自我革新。"见之不若知之，知之不若行之"，"现代管理学之父"彼得·德鲁克指出："管理是一种实践，其本质不在于'知'而在于'行'。"拿来主义固然是一条捷径，省时省力，但是"鞋子合不合脚，自己穿了才知道"，所以本田公司在研发奥德赛时完全抛弃了以往的相关资料，选择从零开始。

持续成长型企业拥有的活力在一定程度上来自组织内部的"对话"，它能够打破级别和部门的壁垒，强化人与人的关联性，促进知识的共享、碰撞和创造。拉姆·查兰说："对话是企业文化的核心，也是工作最基本的单位。"毫无疑问，缺乏对话的组织自然也不会形成共享的氛围，容易僵化、停滞，陷入一潭死水。当前我国的经济发展已经进入新常态，面临经济发展模式的转轨和经济增长方式的转变，这就意味着企业特别是中小企业不能再一味地"向钱看"，而是要转型升级，寻找新动力，提高核心竞争力，实现小企业的"大作为"。因此，唯有不断创新，才是企业持续成长的内生动力。

我们认为，本书的主要观点及哲学基础来源于野中郁次郎教授的管理学思想（知识创造理论）。如果读者朋友们想要更好地理解本书的内容，可以参考人民邮电出版社引进的"知识管理系列"丛书。其中，《创造知识的方法论》分析了柏拉图、笛卡儿、杜威、西田几多郎的哲学观点与SECI模型中的社会化、外显化、组合化、内隐化的对应关系，阐明了知识创造的辩证法；《创造知识的实践》用8家日本民营企业的典型案例解释了创新性服务的产生、发展过程及其关键因素；《知识创造管理》为广大企业管理者指出了一条追求实践智慧，建立"场"与关联，推动"知识创造"的经营之路；《全球知识共创》以讲故事的方式介绍了日产公司在海外研发中所经历的困难及提出创新性的解决方式，提炼出日产构建的全球知识共创体系的典型特征。上述著作的内在逻辑与观点与本书是一致的，读者朋友们遍览过后必定大有收获。

　　本书的序章至第二章的翻译以及全文的统稿、审校工作由马奈负责，第三章至附录的翻译工作由刘会祯负责。如有疏漏之处，敬请读者批评指正。

刘会祯　马奈

2021 年仲春

写在本书即将付梓之际

目前，学者们对优质企业进行深入研究的相关成果多如牛毛。实际上，在被选作典型例子的企业里，有的业绩趋于恶化，有的在数年后关门大吉。在现实中，大多数企业无法满足那些研究成果提出的所谓"优质长寿企业"的标准，陷入业绩下滑的困局。

以往关于优质企业的研究基本上以定性研究为主。在对某一时间点进行分析时，定量研究具有优势，不过在叙述过程、故事等方面不如定性研究。然而迄今为止，定性研究的成果并没有完全发挥自身的优势。

在我看来，学者的研究或许存在局限性。我们有必要详细地叙述所有事件，但是在很多时候，每个事物或现象的细微之处隐藏着重要线索。与学者相比，实干家更加擅长凭借直觉感知这些线索。因此，我对于此次由实干家们主导的研究抱有很大的期待。

本书从定量数据与以案例为基础的定性方法两方面着手，对研究对象开展综合性分析。定量分析的结果可以从逻辑上进行解释，同时蕴含人类的行为与情感。我们必须从逻辑和情感两个角度出发，一丝不苟地摸清现实状况。此外，在定性分析时，我们不能只关注某一时间段，而应关注整个过程，观察在历史的长河中发生了什么，它是如何发生的，通过详细描述关键过程，准确地把握趋势和动向。

本书认为，优秀的企业不仅拥有适当的业务范围和出色的战略，组织建设和人才培养更为关键，它们承担着决策和执行的任务。"保持人尽其才、为社会和人民而奋斗的企业方能基业长青"，这是毋庸置疑的，这也是卓越企业的根基。本书从定性和定量两个方面证明了上述观点，剖析了优质企业的本质与实践过程。虽然有人觉得这句话没有任何新奇之处，但是在现实中，将常识具体化、持续化是一件极为困难的事。因此，如果我们贯彻常识并持续地将其付诸实践，常识就会转变为非常识，催生企业的第二曲线。

有人认为"对以前的企业进行研究没什么用，不可能推导出具有复现性的法则"，这句话只说对了一半。社会科学（管理学也属于社会科学的一部分）的研究对象全部是不可复现且科学分析无法掌握的东西——因为它们都是鲜活的人类活动。

本研究项目是由每一位成员推动的，他们拥有管理、财务、领导力、心理、统计等各种各样的专业背景，所以大家的意见难免五花八门。但是，为了用有血有肉的话语展现鲜活的人类活动，风格各异的项目成员之间的意见分歧与趋同的过程是不可或缺的。最终，他们成功地探索出了一条从不同角度进行验证、补充的结论。

本研究项目的成员在各自的经历中对组织建设和人才培养形成了自己的设想，正是这种设想把他们紧密地联系在了一起。他们的设想在"场"中被反复讨论，互相将主观意识共同化，即建立交互主观性，最终达成"应该如此这般"的共识。用强有力的思考来引导结论也是社会科学研究的任务。

野中郁次郎

日本の持続的成長企業

企业能够持续成长吗

...

无形资产的价值

首先，我们来看一张图表。

图 0-1 显示了美国企业和日本企业隐形资产的价值在总市值中的比重，并对 2008 年年底的美国企业（决算期多在 1 月或 2 月）和 2009 年 3 月底的日本企业（决算期多在 3 月）的股票总市值与企业资产负债表上的净资产进行了比较。顾名思义，股票总市值是企业股票的实时价值，而净资产是企业用于业务活动的金额，企业拥有的经营资产不超过这一数额[1]。因此，股票总市值与净资产之间的差额就是隐形资产的价值，它无法用企业买入、使用的资产来表示。

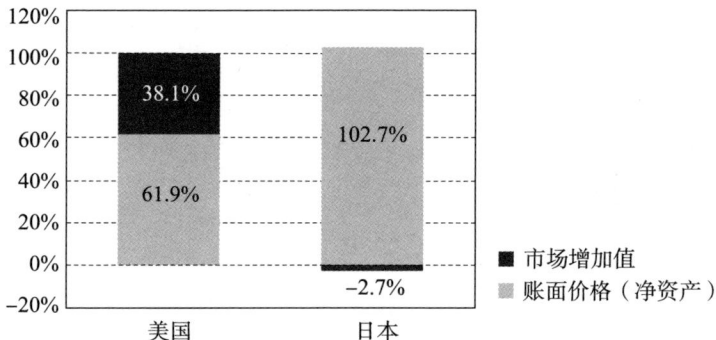

图 0-1　日本企业与美国企业隐形资产价值的对比

注：1. 美国企业：基于 2008 年 12 月底纽约证券交易所和纳斯达克上市企业中可获取数据的 3989 家企业的汇总。

2. 日本企业：基于 2009 年 3 月底东京证券交易所一部、二部以及母公司上市企业中可获取数据的 2266 家企业的汇总。

我们可以用企业的组织结构优越性（比如高级管理层的强大领导力）、较高的客户忠诚度、经营管理上的硬件和软件设施等来说明隐形资产的价值，这部分价值在企业财务中被称作"市场增加值"（Market Value Added，MVA）[2]。几年前，人们将这些隐形价值称为"知识资本"（Intellectual Capital）[3]，与其有关的研究以及基于这一思路的企业管理一度做得风生水起。

我们将日本和美国的 MVA 进行对比，发现即便是在次贷问题引发金融风暴后，美国企业的 MVA 仍约占股票总市值的 40%，而日本的 MVA 为负值，即其隐形资产的价值为负。

由于自然资源匮乏，日本企业擅长想方设法合理利用有限的资源。以汽车产业为例，美国的福特公司专攻 T 型车这种单一车型，通过大批量生产获得规模效益。为与之分庭抗礼，通用汽车采取细分市场的产品战略，同时推动不同车型零部件的共享化，这也是凭借大量生产获取收益的方式。相比之下，丰田的规模比不上福特和通用，它没有纠结于大量生产的规模优势，而是考虑如何减少浪费，创造了"看板模式"。

现实已经证明，石油生产国等自然资源丰富的国家未必经济富足，日本企业高效地利用稀少的资源，也能获得长足的发展和进步。

但是，图 0-1 显示出截然不同的情况。与自身使用的资产相比，美国企业创造出更大的企业价值，而日本企业坐吃山空，企业价值比不上自身使用的资产，遑论高效运用资产了。

环境变化与企业的成长

号称"百年一遇"的美国金融风暴导致其经济低迷，并波及全世界，对日本企业的业绩也造成了巨大影响。图 0-2 显示了 1994 年以来日本企业平均资产回报率（Return On Assents, ROA）[①]的变化。2002年，以电子产业为中心，日本企业的业绩开始下滑，此后虽呈现复苏趋势，但是在 2009 年 3 月急转直下。

除了 ROA 的平均值，图 0-2 还反映出各大企业 ROA 标准差的变化。2002 年 3 月，企业业绩整体恶化，标准差却没有扩大。然而，到了 2009 年 3 月，企业不仅业绩大幅下滑，而且标准差急剧扩大。即便当时临近决算期的业绩是百年一遇的异常数值，标准差也显露出不断扩大的倾向。

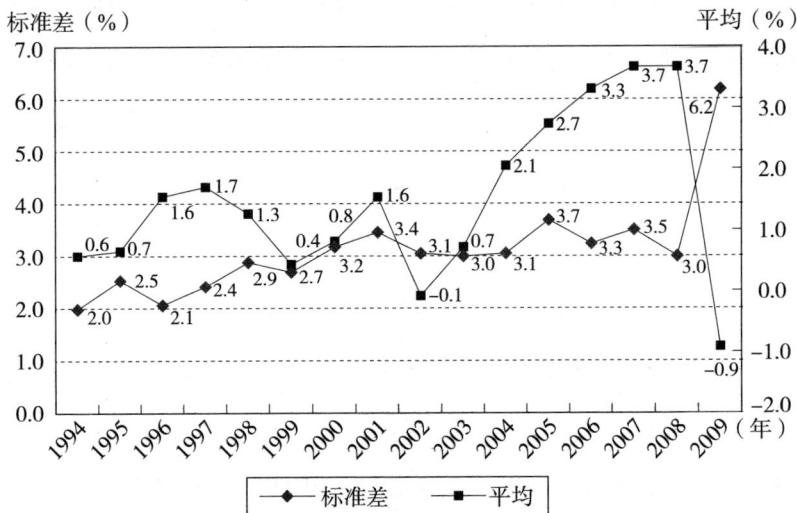

图 0-2　日本企业的 ROA 与差距

注：1. 统计数据截至每年 3 月底的年度 ROA 平均值与标准差。
　　2. 分析对象为日经 225 指数构成品种中的 148 家企业，可以从彭博通讯社获取其 1994—2009 年的全部数据。

[①] 又称资产收益率，是用来衡量每单位资产创造多少净利润的指标。计算的方法为公司的年度盈利除以总资产值，资产回报率一般以百分比表示。——译者注

这个问题说明企业经营的不确定性增加了，胜者与败者的差距，即适应环境变化的企业与落后于环境变化的企业的差距逐渐拉开。

通过上述对日本企业现状的分析，笔者认为，虽然从整体上看 2009 年日本企业的隐形资产平均值为负值，但并非所有企业都是相同的状态。随着不确定性的提高，企业之间的差距逐渐扩大，有的企业积极应对变化，持续提升业绩，胜者与败者之间出现了明显的两极分化现象。

那么什么样的企业能够成为胜利者，其成功的关键是什么，为什么企业能够应对环境变化，维持长达数十年的高额业绩（反之，为什么无法维持这样的状态），我们需要寻找这些问题的答案。

生存并维持高额业绩的难度

无论学术界还是企业界，关于优质长寿企业的研究早已有之，这些研究大多以下面两种问题意识为出发点。

一种研究旨在探寻"为什么有的企业成功、有的企业失败，决定成功的关键是什么"的答案，这是企业经营者最为关心的问题。其代表性著作是《优秀企业》（*Excellent Company*）《高瞻远瞩型企业》（*Visionary Company*）等，以日本企业为对象的类似作品有关于"优秀企业"[4] 和"不完备企业"[5] 的研究。

另一种研究着眼于企业的"寿命"，思考"长寿企业拥有怎样的特征"。此类研究以超过平均寿命、长期经营的企业为研究对象，比如日经商业于1983 年提出的"公司寿命 30 年理论"[6]、揭示了组织"生老病死"的"组织生命循环模型"等。其代表性著作为《长寿公司》(*The Living Company*)[7]，它分析了创立于工业革命初期、历史比皇家壳牌石油公司还要悠久的 20 家企业的成功原因。

我们认为长寿并保持高额业绩是一项更艰难的工作，因此，我们力求同时探索上述两个问题，把"持续成长型企业"作为研究对象。

实际上，皇家壳牌石油公司通过调查发现，在 1970 年上榜世界财富 500 强的企业里，约 1/3 的公司仅仅 13 年后就遭遇了收购、兼并、破产，从榜单中销声匿迹。

此外，《优秀企业》(*Excellent Company*)根据 8 个特征选取了 43 家企业作为基础研究对象，其中至少有 6 家已经倒闭。该书指出了 14 家特别优秀的企业，但是在 12 年后，其中仅有 6 家再次入选了《高瞻远瞩型企业》[8]。

根据日经商业的调查，创建以来未满 30 年的"年轻"企业发展迅速，而成立超过 30 年的企业发展势头急剧减弱。[9]帝国数据库的调查也表明，20 世纪 90 年代后，创立 30 年以上的企业在倒闭企业中的比例飙升。[10] 毋庸置疑，企业经营的难点不仅在于在市场中站稳脚跟，更在于保持高额业绩。

但是，我们几乎找不到以日本企业为对象、拉长时间轴开展研究的案例。因此，本书旨在从持续成长型企业的发展历程探寻它们是如何应对一个又一个变局的。

持续成长型企业的定义

本书将"拥有 50 年以上的历史，且在 30 年以上的时间范围内股价大致呈现持续上涨趋势的日本企业"定义为"持续成长型企业"。

通常情况下，人们通过会计上的收益（营业收入、经营利润等）和收益率（资产回报率、销售利润率、净资产收益率等）衡量企业的业绩。不过本书基于以下两点理由，将股价表现作为确定业绩的指标。

第一个理由是股价的总括性。在企业活动中，构成企业的组织（包括体制、制度等）和人才承担着经营和交易的工作。确定业绩的指标应该是能够覆盖所有企业活动的要素。然而在企业收支中，与人才相关的投资等面向未来的投资常常被计入成本，无法正确地反映其效果。相比之下，从理论上讲，股价是未来的自由现金流的当前价值，可以看作包含了人才投资等面向未来的种种努力的财务指标。

第二个理由是股价的客观性。美国能源巨头安然公司因财务造假丑闻而破产，原管理层通过股票期权获取高额的股价联动报酬，因此有人认为把股价作为衡量企业业绩的指标是不合适的。但是，安然公司只对收入进行了造假，这不是股价的造假。在股票市场中，人们无法直接控制交易中的股价，所以安然公司试图通过财务造假，间接地将股价维持在高位。无法直接控制股价这一特征说明股价是非常客观的指标。

当然，从短期来看，有时国内外形势会左右股价，有时由于信息披露不充分，公司内部影响业绩的状况不会反映到股价上。因此，我们还可以根据企业规模、效率等其他财务指标来判断一家企业是否符合"持续成长"的标准，进而选定研究对象。

图 0-3 表明了 1974 年以来花王与同行业 A 公司和东京股票价格指数（Tokyo Stock Price Index，TSPIX）的股价表现。自 20 世纪 80 年代后期起，花王与竞争对手拉开了距离。1996 年之后，即便与 TOPIX 相比，花王的股价表现也尤为亮眼（设 1974 年 9 月底花王的股价为 1，到了 2008 年 6 月底，花王股价为 10.8，而 TOPIX 为 4.6，竞争对手为 1.5）。这说明即使同属一个行业，面对同样的环境变化，企业之间的业绩也会产生巨大差异。换言之，企业应对环境变化的方式，即企业的决策和战略执行等经营行为的差异反映到了其业绩差距的结果上。

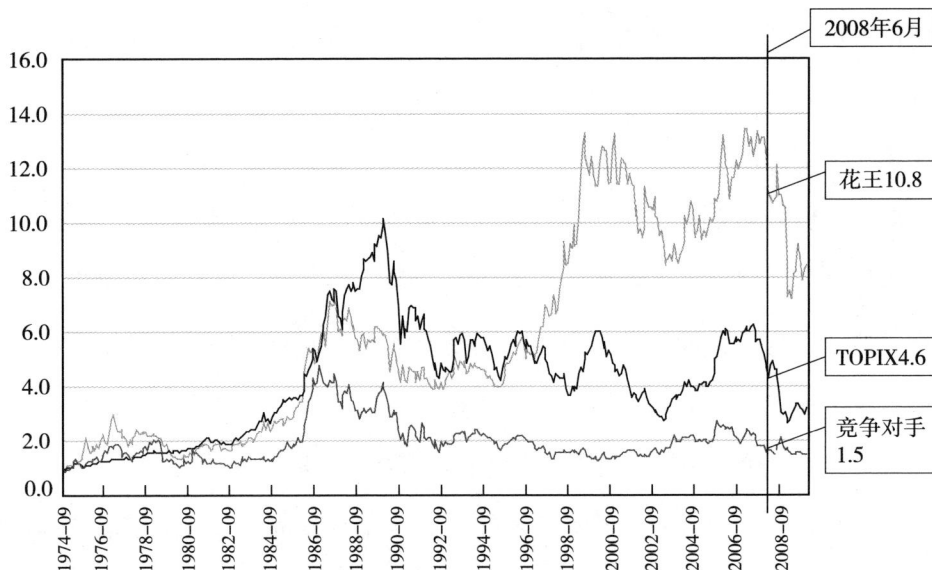

图 0-3 花王与同行业 A 公司股价表现的变化（1974 年 9 月—2008 年 9 月）

注：设 1974 年 9 月底花王股价为 1 的情况下的变化。

像花王这样股价上涨 30 年以上且保持高额业绩的企业还有佳能、丰田、武田药品工业（以下简称"武田"）等。从股价表现上看，佳能为 51.5（竞争对手为 10.7），丰田为 13.7（竞争对手为 3.0），武田为 24.6（竞争对手为 6.5），全部远远高于竞争对手。本书将这样的企业定义为持续成长型企业。

依靠组织和人才

我们在对持续成长型企业进行分析时，主要关注其组织和人才。这是因为战略的决策和执行正是由组织和人才来承担的，组织建设和人才培养的水平决定企业能否持续成长。不论战略多么宏伟，商业模式多么精妙，只要构成企业的组织和人才不持之以恒地贯彻落实，企业就无法实现持续成长。因此，我们力求在本书中揭示保证企业能够持续成长的组织和人才管理模式。

企业的组织建设和人才培养不是一朝一夕就能完成的，很难从外部对其进行观察。此外，与组织和人才相关的各种因素相互关联，对竞争者来说，这很可能是一个"黑箱"，难以参考、模仿。这种观点类似于战略论中的资源基础理论。

关于企业的持续性竞争优势源泉的研究分为几大流派，其中之一的资源基础理论把重点放在分析企业内部的经营管理资源上，指出企业通过拥有稀缺且竞争对手需要耗费大量成本才能模仿的资源取得竞争优势。

资源基础理论受到新古典经济学的影响，把均衡状态作为前提。然而

研究的方法论

本书的研究方法可以总结为以下 3 点。

定量研究与定性研究相结合

我们根据大量的数据开展定量分析，基于历史资料和访谈等考查持续成长的语境进行定性分析，并将二者相结合。

在定性分析中，我们根据持续成长型企业的定义确定了企业名单，从中选出 8 家能够通过公开资料获取信息的企业（丰田、本田、佳能等），分析其经营管理的事实。

我们用于事实分析的资料包括描写对象企业从创业到现在的历程的书籍、企业发展史、新闻报道（主要来自商业杂志、专业杂志等）、研究生管理学课程中的案例研究等。分析步骤如下：第一，从收集到的各大企业的资料中精心挑选"事实"和"故事"；第二，用归纳法对这些"事实"进行分析，分别总结每家企业的组织特征，这些特征很可能是推动企业持续成长的关键；第三，选出与"持续成长型企业"同属一个行业的其他企业，对二者开展对比分析，找出业绩差异的真正原因；第四，提炼出持续成长型企业共同的组织特征，并对若干家企业进行访谈，验证上述特征的正确性。

关于定量分析，我们开展了大规模的定量调查[1]，调查对象为拥有 1000

---

[1] "提升业绩的组织能力与组织人才管理调查（2009 年）"，以下简称"组织能力调查"，见附录 A。

名以上员工的大型企业及其业务部门，共计 194 个组织。

此外，我们还引入了 Recruit Works 研究所开展的"2005 年人才管理调查"（见附录 C）和我们自己设计的"DNA 调查"的结果（见附录 B），分析它们与企业业绩的关联性。"2005 年人才管理调查"以问卷的方式，对日本龙头企业中的"人力资源管理的基本思想""人力资源制度和政策的实际情况""人力资源应用方面的优缺点"3 个方面进行了调查，我们根据该调查得到的数据，分析其中约 90 家能够了解其财务信息的企业的问卷调研结果与其业绩之间的关系。"DNA 调查"列出了"勤勉""有常识""小心谨慎"等 16 个关键词（都是形容词或词组），以问卷调查的形式请求受访者选择与自己所在企业相符的特征。我们根据以往对客户企业的调查结果，从可以获取财务信息的约 50 家企业中挑选出 20 家，按业绩高低平均分为两组，分析它们所选的反映自身"DNA"的关键词。

模型的可视化、结构化

假如只分析企业内部那些个别、具体的事件或现象，就无法产生实用性的知识。本书力求建立一个关于企业持续成长的普遍模型，在考察企业与外部环境的关系的同时，从结构上实现组织和人才管理，因为它推动了企业持续成长的可视化。

我们反复、详细地解读持续成长型企业的具体故事、内外环境（即语境），揭示其共同的本质。这不是单纯地把共同点罗列出来，而是以结构化的方式建立可视化的模型。

组织分析通常分为宏观层面（组织及团队水平等）和微观层面（组织

行动、个人等）两条路径。本书兼顾宏观和微观，试图将其相互作用和关联性进行结构化，因为企业在管理中必须同时发挥二者的功效。

顺便说一下，结构化揭示的因果关系中的因和果是可以互换位置的，正如上文所述，企业是一个"相互作用的过程"。本书的目的是探寻推动企业持续成长的原因，然而正因为企业实现了持续成长，被视作原因的因素才能继续成立，也就是说它成为持续成长的结果。我们要理解因果关系的局限性，更重要的是找出引起持续成长这一结果的原因。

关注转折点与组织的维持、进化

本书从"持续性的高额业绩"的角度出发，拉长时间轴，开展信息收集和分析，梳理历史进程，了解持续成长型企业在某个特定的成长阶段和时期中，组织和人才管理是如何变化、如何维持的，进而在变化的过程中掌握持续成长型企业组织和人才管理的方法。为此，我们需要关注以下两点。

第一，关注转折点。在漫长的企业发展史中，所有企业都会直面大大小小的危机和内外环境的变化。当面临这些转折点时，企业如何将危机转化为促进成长和自我革新的动力，在很大程度上决定了该企业能否"持续成长"。因此，我们应该关注转折点前后的组织和人才管理。

第二，考察平稳局面下的组织建设与人才培养。我们不仅关注企业的"V 型复苏""如何渡过难关"等剧烈的变化，还要说明穿越危机、回归正常后的日常管理的本质，考察如何防止正常化的组织陷入惰性，如何不断地推动组织的进化。

急剧变化是常态

我们希望本书可以展现应用于未来的普遍性原理，不过有人认为现代社会风云激荡，研究企业的成功经验、总结原因的方法难以奏效，以往的成功案例不适用于今后。这种观点也许有一定的道理，当今世界正在发生前所未有的变化，互联网、手机等交流通信工具快速普及，生产制造一线、服务网点等遍布全球，世界金融市场联动性增强。

虽然现在变化的速度加快，世界的复杂性提高，但以前也是如此，例如两次世界大战、载人宇宙飞船的技术研发等都引起了世界的巨变。或许我们无法期待日本重现 20 世纪 70 年代的高速增长，但是金砖国家和亚洲各国发展势头迅猛。一些企业曾在类似的时代应对变化，不断成长，我们认为全面回顾这些企业的历程对现在的经营管理也富有启示作用。

本书的结构

本书第一部分从定量分析和定性分析两个角度选定持续成长型企业，以阐明其组织建设和人才培养的关键。不同于以往的大多数研究，本书不是单纯地把关键因素罗列出来，而是通过高管层、中层、普通员工、组织文化等可以作为管理对象的单元，将包括业绩在内的相互关系可视化，建立一个动态模型。

实现持续成长的企业有一个共同特征，那就是它们会坚持不懈地进行自我变革，而推动自我变革的是重视社会使命的经营理念和目光长远的战略决策。另外，尊重个体、同时培养共同体意识也是不可或缺的。企业要想实现自我变革，还要将以下 3 种组织行动能力结合起来：①执行与变革力；②知识创造力；③愿景共享力。

第二部分首先解释为什么这些要素看上去很简单，却难以付诸实践，然后探寻在没有"特效药"、无法出奇制胜的情况下，实践的关键点是什么。我们列出并分析了大多数企业容易坠入的陷阱和面临的障碍，并在此基础上提出了克服困难的实践智慧，即组织和人力资源管理的理想状态。

第一部分

持续成长型企业的特征

第一部分结合定量分析与定性分析，说明"持续成长型企业与其他企业有何不同"。第一章介绍了持续成长型企业采取的管理模式。第二章具体阐释了使企业持续成长成为现实的三种组织能力，分析了它们的结构关系，挖掘出每一种组织能力与高管层、中层、普通员工、组织文化等经营资源之间的关联性。第三章详细论述了作为持续成长型企业基础的三组价值标准。关于上述工作，前人的研究成果不在少数，但是本书深入经营管理一线，探寻持续成长型企业的组织能力和价值标准的真正意义与本质。

日本の持続的成長企業

持续成长型企业的管理模式

⋮

三种组织能力与三组价值标准

本章简要介绍本书的研究结论所揭示的持续成长型企业中管理模式的结构和概况。我们的研究表明，持续成长型企业拥有以下三种组织能力和三组价值标准（见图1-1）。

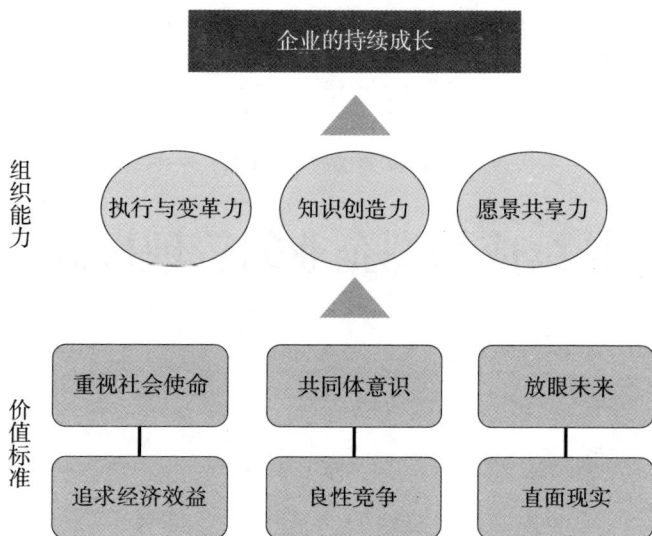

图 1-1   持续成长型企业的管理模式

持续成长型企业具备的三种组织能力

- 执行与变革力（坚定不移地贯彻落实与坚持不懈地自我变革）；
- 知识创造力（基于多层次的交流沟通与丰富关联性的知识创造）；
- 愿景共享力（围绕一个中心不动摇并共享其重大意义）。

持续成长型企业一以贯之的三组价值标准

- 既重视社会使命，也追求经济效益；

- 共同体意识与良性竞争共存；

- 既放眼未来，也直面现实。

这个模式说明企业要想持续成长，必须具有共同的价值标准，在此基础上形成 3 种组织能力。

以资源基础理论为代表，人们通常认为"经营资源和组织能力是企业竞争优势的源泉"，但是关于"经营资源"和"组织能力"的定义，人们还没有达成共识。[1] 本书将"组织能力"定义为"一个组织整合并灵活运用经营资源，为取得良好成效而发挥的行动能力"。

这种组织能力的基础正是价值标准。在持续成长型企业里，从一线的日常工作到经营管理层面，这些价值标准贯穿于每一次行动和判断的始终。在组织中，价值标准是一个体系，包括大家长期坚守的价值观、行为规范、信念等，由社会使命与经济效益、共同体意识与良性竞争、放眼未来与直面现实等看似矛盾的要素构成。持续成长型企业同时具备相反的价值观，会根据不同情况合理地区别运用。

组织能力与业绩的关联性

我们以拥有 1000 名以上员工的大型企业及其业务部门（共 194 个组织）为对象，开展了大规模的定量调查（"组织能力调查"），从中总结出以上 3

种组织能力（详细情况请参考本书末尾的附录 A）。

在"组织能力调查"中，我们首先基于"组织能力涉及企业业绩提高"的假设进行分析。如表 1-1 所示，组织能力分为愿景共享力、横向推动力、沟通力、知识交流力、执行力、变革力六大要素。上文提到，组织能力是组织为取得良好成效而发挥的行动能力，因此我们精心设计了能够了解具体行动的问题，以便准确测算组织能力。

表 1-1　组织能力的构成要素

组织能力	要素	项目
愿景共享力	愿景共享力	不仅说明短期目标，而且描绘未来的愿景，由全体员工共享
		关于决策事项，不仅公布结论，还共享做出该结论的原因
		定期分享各部门为实现愿景而付出的各种努力及进展情况
知识创造力	横向推动力	经营一线提出了许多关于新业务、新商品、新服务的建议
		抛开各种指示、命令、部署，与必要的对象轻松地商谈、交流
		积极开展跨部门的行动
	沟通力	管理层与员工之间建立了互信关系
		当意见不一时，不受立场、年龄等限制，相互沟通，直至接受、理解
		在工作中遇到困难时，互相商量，集思广益
	知识交流力	员工之间互相描述未来的职场情景
		员工之间互相交流成功经验或失败教训
		从员工的日常交流中产生新的智慧、新的方案等
执行与变革力	执行力	立即执行已经决定了的事项
		将战略进行分解，明确工作职责
		对于决定的事项坚持到底，直至取得成果
		回顾并总结过去的成功经验或失败教训，将其运用到以后的计划执行过程中
	变革力	在陷入危机之前，未雨绸缪，积极推动企业变革
		不拘泥于过去的经验、习惯，引入新举措、新思维
		整个企业不断改进业务

举个例子，测算"愿景共享力"的问题并没有询问"是否存在愿景"之类的静态状况，而是给出"关于决策事项，不仅公布结论，还共享做出该结论的原因"的标准，让受访者从多个选项中选择自己公司的符合程度。关于"执行力"，问卷也没有设定"是否具有执行力"的问题，而是给出"对于决定的事项坚持到底，直至取得成果"的标准，即聚焦于组织层面的公开行动。

此外，为了掌握组织内部行动层面的情况，我们还要从每个组织中选择多名受访者填写问卷。由于"是否引入了以业绩为导向的人事制度"之类的关于静态情况的问题不会受到受访者主观因素的影响，即使只有一个人回答，也没有问题。但是，对企业动态情况的调查无法回避受访者的主观因素，必须收集多个受访者的回答。在"组织能力调查"中，我们按照每个组织 30 名受访者的比例处理问卷。

从理论上讲，组织能力的提高会对企业业绩产生积极影响，不过如何定义业绩是一个难题。在序章中，我们介绍了利用股价表现确定持续成长型企业的做法。然而，在我们调查的 194 个组织里，把整个企业作为调查对象的有 161 家（其余的是企业的业务部门、子公司等），其中作为上市企业且能够获取历年财务数据的企业不足 80 家。如果只分析可以收集 30 年以上股价数据的企业，那么符合条件的企业数量就更少了。

因此，在"组织能力调查"中，作为企业业绩的代理变量，我们采用了过去 5 年间的平均营业额增长率[2]、平均 ROA[3] 和相对于 TOPIX 的股价上升率[4]。营业额增长率能反映企业的发展和进步，ROA 显示企业的收益率和资产运用效率，股价上升率则可表明企业的业绩未来可期，我们可以通过这三项指标全面把握企业的业绩。之所以采用 5 年间的数据，而不单看某一年，是因为我们要了解企业的中长期业绩而不是短期业绩。在此基础上，我们计算出业绩综合指标——这是由上述 3 项指标构成的潜变量[5]。

分析结果如图 1-2 所示，组织能力对企业业绩造成巨大影响（业绩综合指标与组织能力之间的路径系数为 0.40，样本数为 74）。或许 0.40 的路径系数[6] 看起来不是很高，但是问卷调查的结果（分为 5、4、3、2、1 五档）与公开的财务数据、股价等的性质完全不同，作为它们之间的相关性，0.40 已经是非常高的数值（从统计学上看也是显著的，P 值[7] 为 0.024）了。

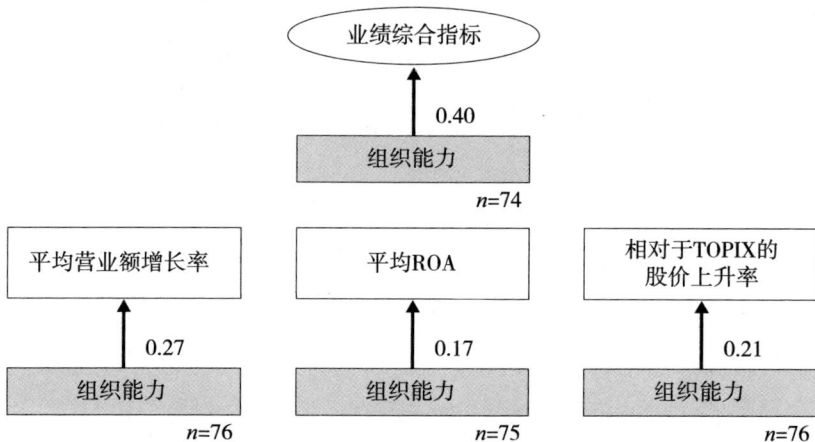

图 1-2　组织能力与业绩的关系

注：1. 业绩取自上市企业的公开财务数据。
　　2. 把业绩综合指标作为平均营业额增长率、平均 ROA、相对于 TOPIX 的股价上升率的潜变量，计算出其数值。
　　3. 箭头的数字是相关系数。

此外，我们还分别分析了业绩综合指标中的三项指标与组织能力之间的路径系数，结果均为 0.20 左右，这显示出一定统计意义上的相关性（平均营业额增长率为 0.27，平均 ROA 为 0.17，相对于 TOPIX 的股价上升率为 0.21）。

组织能力的结构

我们已经确认，组织能力能够整体提升企业的业绩。那么组织能力的内部结构是什么样的呢？在"组织能力调查"中，最初我们设定了 6 个要素作为组织能力的构成部分。然而，在接下来的分析中，我们发现这 6 个要素并非全部直接影响企业业绩，它们相辅相成，共同促进企业业绩的提高。根据业绩综合指标，我们进行了结构方程模型分析[8]，提炼出 3 种提高业绩的组织能力（即愿景共享力、知识创造力、执行与变革力），用以说明提高业绩的结构。

其中，愿景共享力是最初设想的 6 个要素之一，而知识创造力和执行与变革力是包含了构成组织能力若干要素的潜变量（见图 1-3）。执行与变革力由执行力和变革力组成，知识创造力由横向推动力、沟通力和知识交流力组成。

这个结构显示，执行与变革力是与业绩直接相关的组织能力。首先，企业只有以实际行动不断应对各种变化，才能持续提高业绩。其次，企业行动的基础是愿景共享力，只有指明方向，共享目标，才能引发变革和行动，确保事业朝着正确的方向推进。最后，随着方向的明确和共享，知识创造力得以增强，不同部门、不同岗位团结协作，深入沟通交流，打造出新的商品。不过，知识创造力通过执行与变革力对业绩造成的影响建立在实践的基础上，脱离了实践，无论创造多少知识，也无益于业绩的提高。

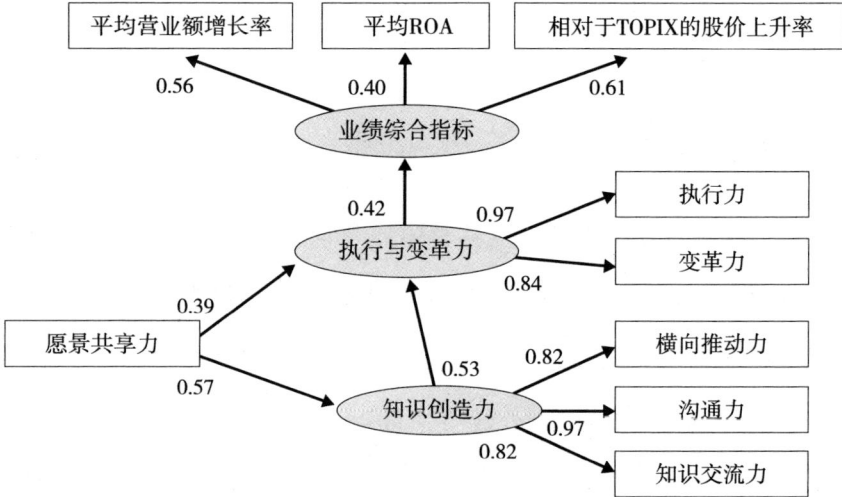

图 1-3　组织能力的结构（结构方程模型）

注：1. *n*=74。

2. *GFI*=0.923，*AGFI*=0.856，*RMSRA*=0.055。[9]

3. 箭头的数字是相关系数。

我们会在第二章阐述各种组织能力的内容和意义。在这里，组织能力调查的分析结果表明了下列过程：企业的发展方向和重要的价值观在组织内部深入人心，成为日常工作的一部分，应积极开展全方位的沟通交流，创造新知识，在经营管理中同时完成执行与变革，提高业绩。

丰富的提高组织能力的经营资源

在"组织能力调查"中，我们一并分析了经营资源[10]及运用资源的组织和人才管理机制是否与较强的组织行动能力有关（见图 1-4）。我们考察了经营资源（高管层、中层、普通员工、组织文化）、基础设施（组织和人才管理机制）与组织能力之间的相关性，发现它们具有较强的正相关关系（相关系数[11]都是 0.70 ~ 0.85），再次证明提高组织绩效的力量与组织、人才等经营资源的丰富性密切相关。

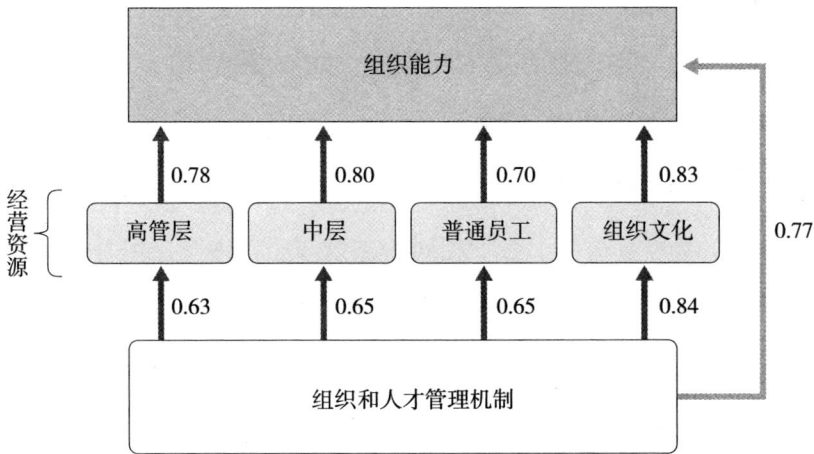

图 1-4　提高组织能力的经营资源

注：1. n=194。
　　2. 箭头的数字是相关系数。

此外，组织和人才管理机制与经营资源（高管层、中层、普通员工、组织文化）之间也显示出较强的相关性（相关系数为 0.60 ~ 0.85），这说明丰富的经营资源与培育经营资源的机制相互作用，才能形成更强的组织能力。我们将在第二章介绍经营资源中的何种因素会对三种组织能力造成影响，在第五章介绍什么样的组织和人才管理机制是有效的。

支撑组织能力的价值标准

组织能力结构化的结果表明，业绩提高过程的起点是愿景共享力，正是价值标准对组织内部共享的愿景（即企业的理想目标、重要价值观）做出方向性规定的要素（参考图 1-1 ）。

彼得·德鲁克指出，CEO 的任务之一是"确立组织的价值观和标准"[12]，"CEO 决定了价值观、标准和组织内部的道德，它们关系着组织是否朝着正确的方向前进"。

持续成长型企业提出了各不相同的愿景和经营理念，但是通过定性分析，我们发现这些企业拥有共同的价值标准。这些标准不一定是通过语言表现出来的，而是从企业发展史中凝练出的隐藏于无数次经营活动背后的思想。它们是三组看似矛盾的标准（社会使命与经济价值、共同体意识与良性竞争、放眼未来与直面现实），是发挥组织能力的原动力，在企业发展历程中具有重要功能。它们相互作用而非相互排斥，为组织能力的发挥提供了有力支持。

通过对持续成长型企业特征的定量分析和定性分析，我们找出了由影响业绩的三种组织能力及支撑该能力的三组价值标准所构成的管理模式。在第二章，我们将结合持续成长型企业的行动案例，详细描述其组织能力的相关内容。

持续成长型企业具备的组织能力

·
·
·

同时具备执行力和变革力会对企业的持续成长带来直接影响。

表 2-1　执行与变革力

组织能力	要　素	项　目
执行与变革力	执行力	立即执行已经决定了的事项
		将战略进行分解，明确工作职责
		对于决定的事项坚持到底，直至取得成果
		回顾并总结过去的成功经验或失败教训，将其运用到以后的计划执行过程中
	变革力	在陷入危机之前，未雨绸缪，积极推动企业变革
		不拘泥于过去的经验、习惯，引入新举措、新思维
		整个企业不断改进业务

增强"执行与变革力"的要素

组织能力无法单独存在，它与组织中的经营资源关系密切。因此，我们根据"组织能力调查"的结果，分析高管层、中层、普通员工、组织文化等经营资源如何相互关联、增强执行与变革力 [1]（见图 2-2 和表 2-2）。

结构方程模型表明，高管层、组织文化和中层对于增强执行与变革力尤为关键。其中，影响最大的是高管层的领导力，必须兼顾面向未来的变革和日常的 PDCA 管理循环这一对容易产生冲突的要素。

为保持强大的执行与变革力，高管层必须"以长远的目光为企业发展谋篇布局"，同时高度重视决策的速度和敏捷性。通过"对于既定方针的结果，认真总结、反思成败经验""不拘泥于先例和习惯做法，大胆决策"等方式，高管层率先垂范，直面现实，鼓励变革，直接强化了组织的执行和变革力。

　　高管层的这些行为带动了灵活应对随时可能发生的状况、极度追求创造和变革的风气，形成了企业灵活应对环境变化的组织文化。

　　不仅如此，高管层的领导力和灵活的组织文化共同作用，激发了中层管理人员决策总是与企业理念保持一致的行为，促使他们不惧风险，勇于尝试，在职场中积极分享其他部门的优秀做法和成功案例，在处理眼前问题的同时，以广阔的视角推动创新。

　　要想同时实现战略的贯彻落实和面向未来的变革，企业必须具备以下 3 个特征：

- 高管层发挥领导力，兼顾长远目光与决策速度；
- 灵活应对环境变化的组织文化；
- 中层管理人员理解组织理念，在一线推动创新。

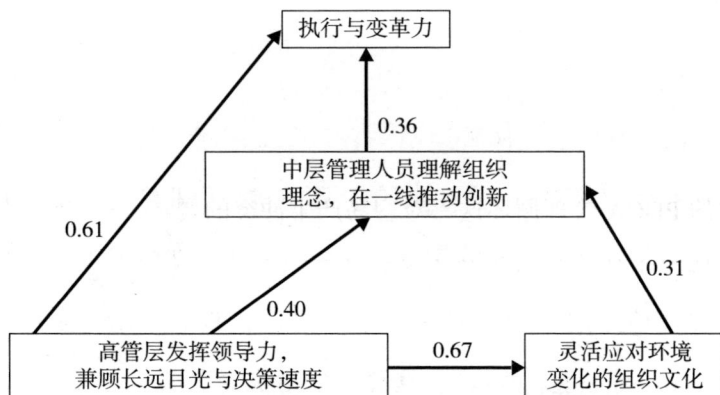

图 2-2　执行与变革力的源泉（结构方程模型）

注：1. *n*=194，*GFI*=0.964。

　　2. 箭头的数字是相关系数。

表 2-2　执行与变革力的源泉

企业特征	构成项目
高管层发挥领导力，兼顾长远目光与决策速度	以长远的目光为企业发展谋篇布局
	决策速度快
	对于既定方针的结果，认真总结、反思成败经验
	不拘泥于先例和习惯做法，大胆决策
	为实现愿景、战略，全力以赴
	面对良好业绩，也能保持危机感和问题意识
	积极提出新方案
	敏锐地觉察、感知经营环境的变化，灵活应对
	高管层的决策受到一线员工的信任
灵活应对环境变化的组织文化	灵活应对随时可能发生的状况
	极力追求创造和变革
	敏捷地行动
中层管理人员理解组织理念，在一线推动创新	决策总是与企业理念保持一致
	不惧风险，勇于尝试
	在职场中积极分享其他部门的优秀做法和成功案例

源自持续改进的创新

花王的改进举措——TCR 运动[2] 持续了 20 多年，是强大的执行与变革力提高企业业绩的典型例子。1986 年，花王实现了业绩的持续增长，TCR 运动也于这一年开始。当时的管理层认为，虽然业绩傲人，但"花王的组织过于臃肿"，他们感受到了危机，于是发起了 TCR 运动，横跨研发、生产、销售、物流等职能，改进组织运营和工作推进方式。

此后，TCR 运动顺应时代变化，重新定义目标，把一些理念坚持了 20 多年，比如改变工作机制和方式的"整体创意革命"、建立价值创造链条的

"整体链条革命"等。如此一来，全体员工每年提出 1000 多条建议，每年节省的成本高达 60 亿~100 亿日元。花王的常务董事、生产和 TCR 总负责人出光保夫的话非常具有代表性："微小的改进持续 10 年就会变成创新。"

TCR 运动的典型例子是"洁霸"（Attack）洗衣液的持续改进。经过第一次到第四次 TCR 运动，花王对"洁霸"进行了 20 多次改良，将其变为浓缩型，提高性能，降低成本。改进项目小到附赠勺子的树脂成分减少和轻量化，瓶盖的材料变更和厚度削减，大到快速溶解的宏观粒子的改良。该公司在 2001 年 4 月对"洁霸"的改进产生了创新，产品体积约变为原来的 1/4，洗衣液的水溶速度变为原来的 5 倍。在这次改进中，为了保持商品价格不变，从商品研发到制造工艺，花王采取了一系列手段，最终在使用原有生产线的基础上，使生产能力提高了 25%，生产率提高了 1.2 倍。

花王的持续改进举措舍弃了过去那些束手束脚的"成功"经验，成为创新的动力。为了提升物流效率，花王敢为人先，建立了拥有大型自动化仓库的物流中心。但是，2003 年 3 月投入运营的八王子后勤中心没有自动化仓库，在那里，花王重视人工作业的灵活性，为每家店铺进行极为细致的商品入库作业。这一创新举措来自基层员工的设想：要想使从工厂到柜台的整个流程变得最高效、最优化，仅仅依靠物流的自动化不会取得良好效果，还不如充分发挥人工作业的作用，即便商品、数量等发生变化，也能灵活应对。

花王前总裁后藤卓也说过："极尽平凡，方至非凡。"在改进之前，花王首先一丝不苟、持续不断地做好分内的事情。因为它们有了这样的实践，才有可能去验证结果，积极改进，激发创新，形成良性循环。

在 TCR 运动中，花王并没有打算把成本降低几个百分点，而是设定了"降低一半成本"的延伸目标（Stretch Goal）。虽说是脚踏实地的改进，通过设定超出能力水平的高目标，员工们提出了打破现状的创意，促使花王的自我革新成为可能。

"进化"与"执行"是 V 型复苏的关键

2000 年，无印良品的业绩持续下滑，经过彻底的经营改革，无印良品实现了 V 型复苏，此后还长期保持了高额业绩。在这背后，强化执行与变革力发挥了重大作用。

1980 年，作为西友的自有品牌，无印良品诞生了。1989 年，良品计划从西友独立出来，1995 年在东京证券交易所市场一部上市。凭借简约朴素的设计和合理的价格，无印良品的商品受到消费者的青睐，业务迅猛发展，打造了"无印成长神话"。但是在 2000 年，无印良品一帆风顺的发展戛然而止。2001 年，时任常务董事的松井忠三接过了经营管理的重任，他果断地实行了经营改革，使良品计划起死回生，从而实现了 V 型复苏。松井改革的重要方针就是"进化"和"执行"[3]。

"进化"是指不仅适应当今的时代，还要超越、领先于客户的期待，打造竞争对手难以模仿的准入壁垒。例如不断更新业务的核心概念，使"简单、功能性、价格合理、贴近自然"等概念向"世界的无印，发现的无印""不是'这个很好'，而是'这个就好'""高品质、基础款、公道价"等进化。

对于"执行"，松井否定了以往的思维方式，来了个 180° 的大转弯。

他认为仅仅提出规划无助于业绩的提升，于是让负责执行的人自主规划。

还有不少关于"进化"和"执行"的典型例子。2001 年改革开始时，无印良品卖不完的特价商品堆积如山，店面充斥着库存"垃圾"，为了打破现状，松井认为必须断臂求生，在员工们的注视下，他烧毁了账面价值 38 亿日元的不良库存的衣料。他命令商品研发负责人亲眼观看烧毁过程，"直视现实"。

但是，销毁不是减少库存的根本解决方法。为了准确把握库存形成的原因，松井分析了产生问题的"结构"，引入了适合无印良品的"新机制"。库存增加的原因是采购人员基于个人经验下单订货，而他的上司不了解他的工作情况。在此之前，从未有人指出订货的问题。因此，松井叫停了采购人员根据各自经验订货的方式，采用新机制，实施计算机一元化管理。这一手段改变了采购人员的行为模式，2000 年年底库存积压的衣料和物品价值 55 亿日元，到了 2003 年年底，削减至 17 亿日元。在这个案例中，无印良品通过坚定不移的"进化"与过去一刀两断，再加上坚持不懈的"执行"，最终取得了减少库存的成果。

无印良品的经营改革始于以"外科手术"的方式来"止血"，比如 2001 年清理库存，关闭或缩小不需要核算的店面，此后也推出了一系列举措，比如聘请同行业的岛村集团总裁藤原秀次郎担任外部董事，推行经营改革计划、减少商品质量投诉等。最终，无印良品在 2003 年实现了收入和利润的双增长，2005 年发布了"完全复苏宣言"，顺利地扭亏为盈。

然而在 2003 年，松井在笔记本上写下了"目前虽然好事连连，但依然危险"的话语，警示自己不要骄傲自满。2005 年，他又留下了这样一句话：

"完全按照计划行事是不可能的，偏离计划时该如何纠正，这体现出企业的实力。"这是因为松井长期拥有持续变革的危机意识和坚定的意志。

良品计划持续改进的决心还表现在为标准化作业而制定的工作指南"Muji Gram"上。该指南共有 13 册、1000 多页，定期根据一线员工提出的改进建议进行修订。为了避免工作指南不符合一线不断变化的实际情况，或者只是为了制定而制定，无印良品保持工作指南的连续"进化"，这反映出松井的信念：检视日常业务是公司能持续获得改进启示的大好机会。

"Muji Gram"中的一系列改革手段没有什么令人耳目一新的东西，但是它能让每一项举措落实到位，改变了陈旧的体制和公司风气，积累了经验，培养了企业的"执行与变革力"，实现了业绩的复苏。无印良品的成功经验证明，除了面向未来的价值创造和坚定不移的变革，只有一丝不苟地做好分内的工作，不断加大实践力度，认真、持续地反思、验证，才能提高企业的中长期业绩。

一经决定，就要迅速贯彻落实

如果人们觉得有些改变过于激进，有时就会从力所能及之处着手或者慢慢调整。但是，这种方式未必有好的效果，还可能适得其反。

南太平洋岛国萨摩亚大约有 18 万人口，2009 年 9 月，该国将汽车在右侧道路通行的规则改为左侧通行。萨摩亚原来是德国的殖民地，此前的交通规则一直是靠右行驶，从美国、欧洲进口汽车。之所以改为左侧通行，据说是因为附近的澳大利亚、新西兰等国也是左侧通行，可以从这些国家进口便宜的日本汽车，符合国民的利益。

这项变更存在安全方面的隐患，萨摩亚政府为了避免发生事故，将自变更之日（9 月 7 日）起的两天时间调整为休息日，并禁止酒类销售 3 天。倘若以安全问题为由，逐步改变行驶规则，比如只让特定区域或特定车型在左侧通行，则会引起更大的混乱，造成重大安全事故。拖泥带水、妥协让步的做法无法成功实现变革。

当然，一味地坚持已经决定的事项未必是最好的选择，PDCA 管理循环的"朝令夕改"有时也是有必要的。但更重要的是，一经决定，就要一鼓作气，迅速贯彻落实。

允许失败，鼓励尝试

爱发科（Ulvac）公司在使用真空技术的液晶面板生产设备领域占有全球市场份额的 90%[4]。在半导体和电子工业领域，产品和业务的生命周期较短，难以维持长久的成功。实际上，爱发科在研发竞争中已经落伍，未能满足半导体生产设备的需要，1993 年 6 月之后经常陷入项目赤字，度过了一段艰难的岁月。此后，爱发科决心拓展技术研发的广度，寻找下一个风口，以实现华丽转身。截至 2008 年 6 月，爱发科在 10 年的时间里使营业额提高了约 300%，实现了高速增长。其秘诀在于不进行"选择与集中"，而是让技术人员研究自己喜欢的课题，为市场的变化做好准备，尽量不错过每一次机会。

爱发科公司的技术人员每年大概提出 400 个新的研究课题，只要有人说"我想做"，公司绝对不会说"不"，而是鼓励他们勇敢尝试。不仅如此，为了鼓励技术人员勇于挑战，即便失败了，公司也不会追究责任。对于已经研发出的暂时看起来的"无用技术"，公司不会完全抛弃，而是表示"不一定什么时候就能用得上，为将来做好准备吧"。实际上，早在30多年前，爱发科便开始研发目前需求正旺的太阳能电池生产设备，20多年前研发出的扩散炉技术现已广泛应用于半导体环保设备上。

不惧失败，勇于挑战，发现新技术的萌芽，这正是爱发科持续革新的巨大原动力。不过这并不意味着想怎么做就怎么做，"在下一个风口成为世界第一"，该公司高管层提出了明确的愿景，并展现了实现愿景的强烈决心，这也是调动员工的积极性、使他们坚定不移地投入工作的重要因素。

以时间换空间，应对变化

序章中提及，企业所处环境的不确定性明显增加。近年来，不确定性的影响范围和规模进一步扩大，美国次贷危机导致的金融海啸瞬间波及发达国家就是一个明证。这是由于美国向低收入阶层滥发住房贷款，造成呆账、坏账，在全球几十个国家拥有约 29 000 名员工的金融巨头雷曼兄弟破产，引发全球性金融风暴。这是蝴蝶效应的一个例子，微小的变化最终造成巨大的影响，反映出企业面临的风险急剧上升。

因此，企业应通过业务多元化、区域分散化对抗风险，也就是说不把所有鸡蛋放在同一个篮子里，比如开展多元化经营、实施海外战略等。

但是，企业活动本身就是把不同的篮子合并成一个大篮子。信息技术的发展和全球化进程淡化了业务之间、区域之间的差异，以前各自为政的业务和地区开始趋于一致。因此，市场环境好的时候，无论什么业务、什么区域都很好；市场环境差的时候，无论什么业务、什么区域都很差。所有业务或区域的情况趋同，这意味着很难找出能够分散风险的业务或区域。目前，企业仅靠业务多元化、区域分散化已经无法应对风险了。

　　企业之间也可以进行风险交换。举个例子，电力公司与燃气公司使用天气衍生金融工具，根据夏季气温高低确定支付金额。气温高时，收入较高的电力公司付钱给燃气公司；气温低时，收入较高的燃气公司付钱给电力公司。这就是企业之间规避个别风险的举措。不过，虽然这种协议能够规避气温高低的风险，却无法避免人口减少等更大的、系统性的风险。

　　目前，不确定性的规模大、范围广，企业应对风险的关键在于以时间换空间，应从纵向分散风险，而不是从水平方向上分散（见图2-3）。与现在设想一种风险，找出应对措施相比，建立一个能够随时对抗风险的机制更加有效，我们可以用实物期权理论解释这一点。

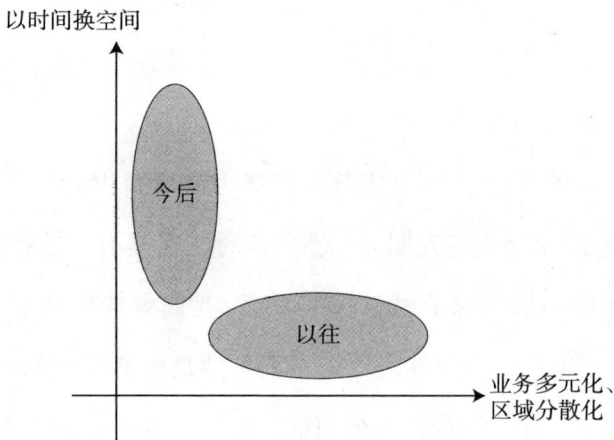

图 2-3　应对风险的方法的进化

　　期权是一种金融衍生工具，实物期权理论把期权的定价理论应用到实物资产和项目的价值评估上，在投资或变卖实物资产、开展新业务以及执行、延期、终止等决策时使用。其本质等同于金融期权，期权是一种权利而非义务。既然期权不是义务，只要不具备条件，就无须履行；而权利意味着只要具备条件，就可以履行。简而言之，实物期权既有可选项，又能自由选择。若可选项多、自由度高，则期权的价值大。

此处暂且不列举关于期权价值评估的计算方法或案例，因为这偏离了本书的主旨。我们可以把可选项和自由度看作经济价值，用数值表示出来，将其运用到业务评估和决策中。

增加期权价值的因素是可选项和自由度，这一点值得引人深思。在不确定的环境中，对企业来说，没有明确的有效选项。反过来说，既然不存在确定选项，企业就必须创造出新的选项。当前景不明时，企业创造的选项越多，相应的期权价值越高。当然，假如只有不确定性增加，则期权价值不会提高。但如果一家企业具备灵活应对不确定性的能力，准备好了有效选项，而其他企业没有可选项，那么该企业就拥有了强大的竞争优势。上文介绍的爱发科公司把这一点做到了极致。

企业所选择的自由度还包括做出选择之前所留出的宽裕时间，即在"石头剪子布"的比赛中后发制人。在猜拳时，我们不知道对方会出什么，假如我们动作慢一点，对手出"石头"时，我们就能出"布"，即推迟决策，提高成功概率。不过这种方法的必要条件是决策后必须迅速执行，由于决策已经慢了一步，执行再拖延的话，就难以追赶上对手的脚步，反应速度也是应对变化的关键。

自我革新很困难

夏普的发展历史是一系列自我革新的进程。从皮带卡扣、铅笔到电视机、微波炉,夏普在日本首创了许多业务,但总是被松下电器、日立等企业凭借营销能力反超并拉开差距。然而即便被对手超越,夏普依然专心致志地创造领先于其他企业的商品。

夏普的历代掌门人说过,"我们要打造别人竞相模仿的产品"(创始人早川德次[5]),"凭借独门技术、独门产品创造需求"(第二任董事长佐伯旭),"以用户的眼光打造满足他们需要的产品"(第三任董事长辻晴雄),"我们的产品独一无二"(现任董事长町田胜彦[6]),于是夏普相继研发出世界上第一台台式液晶计算机、日本第一台文字处理机、业内第一部配置摄像头的手机等。除了进行产品研发,夏普把目光转向液晶电视,在生产一线形成"黑箱",进行了一系列旨在提高企业竞争力的改革。

尽管夏普做出了诸多成绩,在日本国内家电市场饱和、国际竞争力不足、竞争对手技术能力提高等因素的影响下,2009 年 3 月,夏普出现了自在东京证券交易所上市以来的首次连续赤字,由此可见发挥执行与变革力是一件多么困难的事情。没有哪种战略或商业模式可以保证企业在未来永远不会失败,同时,落实执行与变革力是企业持续成长的必要条件。

知识创造力

基于多层次的交流沟通与丰富的关联性的知识创造

知识创造力使组织层面的知识创造成为可能，它在推动全方位的交流沟通的同时，培育丰富的关联性，促使员工相互表达信任、关心等情感，相互交换知识，并将知识结合起来，提出新的创意（见表 2-3）。

表 2-3　知识创造力

组织能力	要　素	项　目
知识创造力	横向推动力	经营一线提出了许多关于新业务、新商品、新服务的建议
		抛开各种指示、命令、部署，与必要的对象轻松地商谈、交流
		积极开展跨部门的行动
	沟通力	管理层与员工之间建立了互信关系
		当意见不一致时，不受立场、年龄等限制，相互沟通，直至接受、理解
		在工作中遇到困难时，互相商量，集思广益
	知识交流力	员工之间互相描述未来的职场情景
		员工之间互相交流成功经验或失败教训
		从员工的日常交流中产生新的智慧、新的方案等

知识创造力由横向推动力、沟通力、知识交流力三个要素构成。其中，横向推动力可以激发全方位且活跃的交流，推动跨越部门、级别等已有组织壁垒的合作与尝试，促使生产经营一线提出意见、建议；沟通力有助于高管层与一线员工之间（不同层级之间）、职场内部（一对多）、个人与个人之间（一对一）相互交换信任、关怀等丰富的感情；知识交流力可以促

进生产经营一线员工日常的坦率对话、信息共享和创意形成。

　　由上述三种要素构成的知识创造力可以全面推动组织和人员的协作，培育丰富的关联性，通过活跃的交流创造知识，并且通过执行与变革力间接地影响公司的业绩。

增强知识创造力的要素

　　什么样的经营资源可以直接增强知识创造力呢？关于"组织能力的调查"显示，普通员工、中层以及组织文化可以影响到知识的创造（见图2-4和表2-4）。

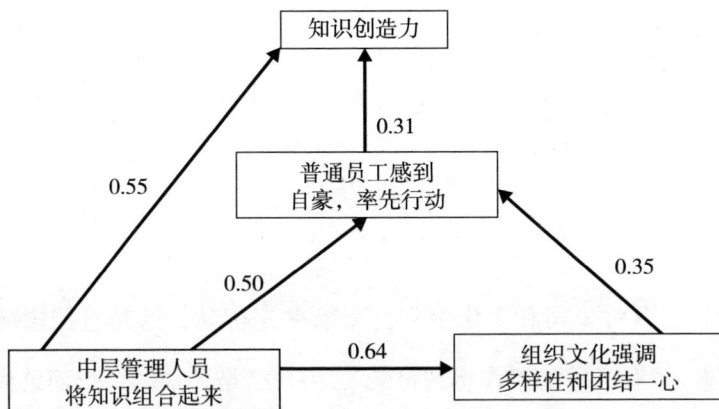

图 2-4　知识创造力的源泉（结构方程模型）

注：1. n=194，GFI=0.922。

　　2. 箭头上的数字是相关系数。

表 2-4　知识创造力的源泉

企业特征	构成项目
普通员工感到自豪， 率先行动	对目前的工作感到自豪 为自己是公司的一员而感到骄傲 不仅发表意见，还率先行动 不拘泥于以往的工作方式，总是思考、尝试如何才能做得更好
组织文化强调 多样性和团结一心	整个组织团结一心 部门之间、员工之间相互协作 发挥各种各样人才的作用
中层管理人员将 知识组合起来	不局限于自己部门的工作，以更广阔的视野处理问题 在职场中积极分享其他部门的优秀做法和成功案例 经常向周围的人讲述公司、部门、团队未来想要实现的愿望或理想状态 对高管层等上级领导坦诚地汇报应该说明的情况 为提出有效的解决方案，广泛听取公司内外人士的意见 必要情况下，不惧矛盾和混乱，身先士卒 不惧风险，勇于尝试和挑战 关注每一名团队成员的成长

普通员工因对公司和工作感到自豪而率先行动，这是直接影响知识创造力的因素。"对目前的工作感到自豪""为自己是公司的一员而感到骄傲"，这种对公司和工作较高的满意度可以提升员工的组织承诺水平，促使他们"不仅发表意见，还率先行动"。

尊重个体的多样性，同时能够让员工团结一心的组织文化，也是员工率先行动的动力，正如表 2-4 所述，"整个组织团结一心""部门之间、员工之间相互协作"之后，就能"发挥各种各样人才的作用"。

要想增强普通员工的自豪感和工作主动性，中层管理人员必须将知识组合起来，即突破不同部门和上下级关系的条条框框，交换并组合知识，"不局限于自己部门的工作，以更广阔的视野处理问题""在职场中积极分享其他部门的优秀做法和成功案例"，并且要发挥中层管理人员对高管层的辅助作用，"经常向周围的人讲述公司、部门、团队未来想要实现的愿望或理想状态""对高管层等上级领导坦诚地汇报应该说明的情况"。

中层管理人员组合知识的行为不仅关系到普通员工的主动性，还有助于企业形成尊重个体且团结一心的组织文化，直接且强烈地影响知识创造力的提升。结构方程模型表明，企业要想在生产经营一线创造知识，必须以组织中的知识交会点（即中层管理人员）为起点，培育良好的组织文化，促使忠诚度较高的普通员工为创造知识而进行积极实践。

此外，"对目前的工作感到自豪"和"为自己是公司的一员而感到骄傲"是测试员工满意度（Employee Satisfaction，ES）的常用项目。迄今为止，国内外进行了许多关于 ES 与业绩关系的实证研究 [7]，但是日本国内的实际案例很少。本书的分析结果显示，尽管 ES 不会对业绩造成直接影响，但作为提高业绩的组织能力的要素，ES 是不可或缺的。

综上所述，企业要想创造知识，必须具备以下三个条件：

- 普通员工感到自豪，率先行动；
- 组织文化强调多样性和团结一心；
- 中层管理人员将知识组合起来。

"全方位交流沟通"与"团结一心"产生知识

强大的"知识创造力"是花王开展业务改进运动的基础，帮助花王每年减少了60亿～100亿日元的成本。上文介绍过的TCR运动由两部分组成：一种是管理层自上而下确定全公司的改进目标；另一种是生产经营一线的员工们自下而上寻找改进目标[8]。来自研发、生产技术、业务战略、销售等部门的大多数员工常常为TCR运动添砖加瓦，只要想到什么好主意，就与不同部门、不同职位的人热烈地讨论，集思广益。为了追求整体最优解，他们积极地与其他部门协商，这已成为他们的一种习惯。

举个例子，2005年5月，花王启动包装改进项目，负责销售的客户营销部门、提出零售陈列方式的商品供销计划部门、酒田工厂和包装容器研究所联合行动。研究所位于东京市内，坐轻轨到酒田工厂要耗费5个多小时，但是两个部门以出差或电话沟通的方式进行了100多次的讨论。

花王原董事长常般文克在分析TCR运动的成功原因时指出："员工们觉得'别人看得到我的努力'，这种温暖、团结、同伴意识也是必不可少的。当一个人遭遇挫折时，其他人会帮忙出主意或加油打气，我们就是要把花王变成这样的组织。"2007年开始的第四次TCR运动总负责人、执行董事沼田敏晴也频繁深入生产经营一线，询问："哪一处体现了智慧？成本真的降低了吗？"作为组织文化的一部分，"团结一心"提升了员工对交换知识、创造知识的承诺水平。

强烈的愿望和自豪感引发知识创造

卫材株式会社设立了一个叫作"知创部"的部门[9]，它来源于一桥大学名誉教授野中郁次郎提出的"知识创造理论"。知创部承担着实现企业理念的重任，为此，它还负责为公司培养人才。人才研修项目之一是现场体验，比如到访医院、病友会等。

现场体验的目的是让员工置身于患者及其家属所处的实际环境，与他们一起度过一段时光，通过这种经历产生一些感触，因为患者及其家属是卫材的客户，仅凭思考和数据分析无法了解他们真正的困难和需求。

卫材株式会社社长内藤晴夫说过："要想掌握患者的真实情况，必须与患者本人一起度过一段时光，观察他的一举一动。切身体验过患者遇到的困难，才能产生'我要解决这个问题'的动机和'解决问题是我的责任'的责任感。""做到这一步，就会引起连锁反应，推动公司研发能够为患者解决问题的产品和服务。我认为，创新诞生于掌握客户的真实情况。""创新是从了解客户的问题并怀有解决问题的强烈愿望开始的。"

实际上，经历过现场体验的研究人员已经完成了不少的创新。举个例子，卫材株式会社的主力产品"安理申"（盐酸多奈哌齐片）是一款治疗阿尔茨海默症的药品，它具有两大创新点：一个是研发出了"口腔溶解片"，患者用唾液或少量的水就能使药片充分溶解；另一个是研发出了胶状药剂型的安理申。这两大创新点正是来自研究人员在护理机构的现场体验，口腔溶解片的研发者亲眼看到护理人员把小片的安理申磨成粉末，撒在餐食上喂给吞咽困难的患者，内心受到了极大的震动。

这种深刻的现场体验促使研究人员勇于挑战，研发出容易服用并具有新形状的安理申。"我想为那位患者提供容易服用的药品"，这种强烈的愿望以及认为自己有能力帮助患者的使命感、自豪感成为卫材株式会社创造新知识的基础。

"团结一心"促进知识的交换、组合和再生产

美国思科系统公司（以下简称"思科"）率先从 IT 泡沫破裂的泥潭中脱身，起死回生，这也与其强大的知识创造力密切相关。

思科是一家互联网通信设备制造商，它生产的路由器和交换机占据全球市场份额的首位（统计时间截至 2010 年）。截至 2008 年 3 月，思科已经收购了近 130 家企业。在激烈的竞争环境中，思科通过引入外部知识应对变化，不断发展，据说它发起的收购案的成功率高达 70%。

思科通过技术竞赛的方式推动新的知识创造。2010 年，思科举办第二届技术竞赛，将其命名为"I-Prize"，只要年满 18 周岁且不是思科的员工，谁都可以向思科提供有可能带来 10 亿美元收入的全新的商业创意[10]。这项竞赛对最终胜利者的奖励是作为新业务的创始人入职思科，并根据创意的价值获得相应的投资。

在公司内部，思科于 2006 年设立了名为"I-Zone"的新业务竞赛，规则与"I-Prize"大致相同。就像"维基百科"那样，员工在公司内部的布告栏上发布一条自己的创意，其他人添加评论，把它"顶"上去，然后由公司的风险投资专家鉴别、判断。经过业务竞赛，已经有 1000 多件创意提案从全球近 90 个国家和地区涌入思科，思科从中挑选出 3 件，将创意落地为实际业务。

那么，为什么遍布全球的思科员工如此热衷于知识的创造、组合和交换呢？

被思科收购的企业的员工流失率仅有 10%，这是一个非常低的数据，思科负责并购的高级主管希尔顿·罗曼斯基（Hitton Romanski）对此做出了如下解释："我们几乎每个月都要收购企业，如此一来，一些具有冒险精神的人才也进入了公司。大企业也要保持鼓励冒险的企业文化。"也就是说，即便企业拥有不同类型的员工，也要形成团结一心、勇于挑战的文化氛围。

例如，思科董事长兼 CEO 约翰·钱伯斯（John Chambers）每个月都会为过生日的员工集体庆祝生日，每年夏天召开全球销售会议，会有思科一半的员工、约 3 万人参加。这是因为钱伯斯希望员工齐聚一堂，直接分享企业战略和发展方向。为了促使分布在世界各地的员工团结一心，钱伯斯还制定了一整套人才培养制度。

通过在全球培育尊重个体、团结一心的组织文化，出身于不同公司、散落在不同国家和地区的思科员工在知识的层面融为一体。

交流沟通与权力下放

下级组织收集信息，向上级组织汇报，上级组织据此进行决策，再传达给下级组织，由下级组织一步一步地执行，事实已经证明，这种体制难以顺利运转。一个组织不能只有纵向的沟通，要想迅速地做出正确的决策，必须进行权力下放和全方位的交流沟通。

在集权化的组织里，高管层必须一直掌握正确的信息。然而，随着不确定性的增加，各种变化此起彼伏，高管层很难逐一掌握生产经营现场发生的情况，并迅速做出判断，组织的规模越大，越是如此。为了解决这个问题，组织有必要建立向下级组织放权、贴近生产经营一线进行决策的体制。需要注意的是，下级组织的决策不能与整个组织或其他部门的发展方向背道而驰。因此，全方位、立体化的交流沟通才是有效的，能否通过这样的方式应对变化关系到企业业绩的优劣。

下级组织的决策（即生产经营一线日常的判断）应该与企业的整体发展方向保持一致，其措施之一就是我们接下来要论述的愿景共享力。

愿景共享力

组织把自身极为重视的价值观和发展方向（包括其形成背景、意义、语境）渗透到组织的每一个角落，这种力量就是"愿景共享力"（见表 2-5），它绝不是单方面的共享，而是贯穿于整个组织。在不确定或不明朗的状况下，组织看重的价值观和发展方向是日常进行判断和行动的依据。只有让全体员工共享、理解了价值观和发展方向的意义，组织内部的各部门才能朝着同一个方向努力，组织才是一个整体。

愿景共享力直接影响执行与变革力，同时也与知识创造力密切相关。在组织能力对业绩造成影响的过程中，愿景共享力是一个起点。

表 2-5　愿景共享力

组织能力	项　目
愿景共享力	不仅说明短期目标，而且描绘未来的愿景，由全体员工共享
	关于决策事项，不仅公布结论，还向员工共享做出该结论的原因
	定期分享各部门为实现愿景而付出的各种努力及进展情况

增强愿景共享力的要素

什么样的经营资源可以增强愿景共享力呢？关于"组织能力调查"的结果表明，高管层与中层人员对于愿景的共享尤为关键（见图 2-5 和表 2-6）。

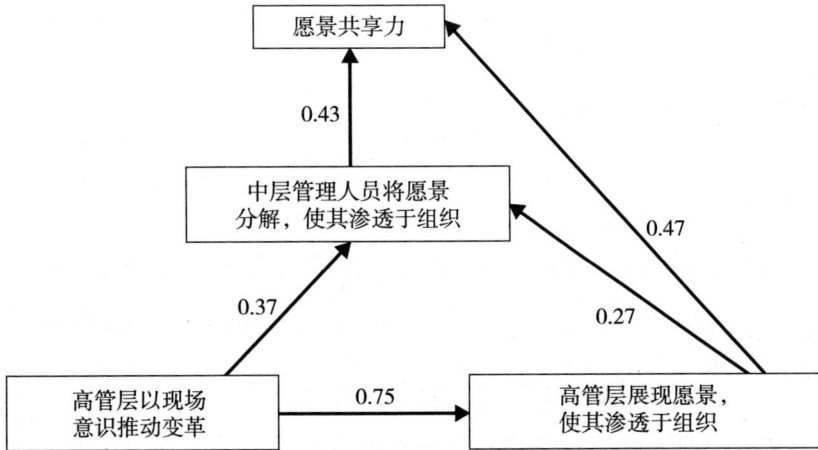

图 2-5 愿景共享力的源泉（结构方程模型）

注：1. n=194，GFI=0.951。

2. 箭头的数字是相关系数。

表 2-6 愿景共享力的源泉

企业特征	构成项目
高管层以现场意识推动变革	倾听逆耳的负面信息，彻底了解状况，查明原因
	敏锐地觉察、感知经营环境的变化，灵活应对
	以长远的目光为企业发展谋篇布局
	积极提出新方案
	高管层的决策受到一线员工的信任

（续）

企业特征	构成项目
高管层展现愿景，使其渗透于组织	经常讲述经营理念和方针
	为实现愿景、战略，全力以赴
	在公布愿景、方针时，也说明其背景和意义
	决策时，不仅考虑业绩，还要意识到企业的社会责任
中层管理人员将愿景分解，使其渗透于组织	经常向周围的人讲述公司、部门、团队未来想要实现的愿望或理想状态
	决策总是与企业理念保持一致
	不局限于自己部门的工作，以更广阔的视野处理问题
	在职场中积极分享其他部门的优秀做法和成功案例

愿景共享的起点是高管层凭借现场意识推动变革。"倾听逆耳的负面信息，彻底了解状况，查明原因""敏锐地觉察、感知经营环境的变化，灵活应对""以长远的目光为企业发展谋篇布局"，这些举措为愿景共享打下了坚实的基础。换言之，高管层必须亲自投身于愿景的实践，在生产经营一线接触每天发生的实际情况，否则不管他们多么不遗余力地宣扬愿景，所谓的愿景也只能沦为空谈、流于形式。

"经常讲述经营理念和方针""为实现愿景、战略，全力以赴"，高管层通过这样的方式促使愿景渗透到组织的每一个角落，而现场意识带来的变革强化了渗透的效果，实现了整个组织的愿景共享。

高管层的言行一致和切实行动还能带动中层管理人员，让他们"经常向周围的人讲述公司、部门、团队未来想要实现的愿望或理想状态""决策总是与企业理念保持一致"。为了避免组织愿景成为纸上谈兵，使其在生产经营一线深入人心，中层管理人员的一项非常重要的任务就是在现场将愿景分解、细化。

要想让愿景及其意义、背景渗透到组织的每一个角落，为全员所共享，必须开展以下的协调联动。

- 高管层以现场意识推动变革；
- 高管层展现愿景，使其渗透于组织；
- 中层管理人员将愿景分解，使其渗透于组织。

高管层利用负面信息

丰田有一项原则叫作"坏消息第一"（Bad News First）[11]，只要工厂出现问题，现场的员工就立即暂停生产线，以便全体员工及时知道发生的异常状况。共享坏消息并不是为了追究责任，而是为了查明真正的原因并加以改进。丰田把坏消息的作用发挥到了极致。

然而，在北美建立工厂时，丰田着实费了一番工夫才让美国人理解"坏消息第一"的意义。当时，在美国暂停生产线的员工通常会被就地裁员，所以他们都很抗拒这样的举动。于是，时任丰田北美工厂的负责人张富士夫亲自来到生产一线，指导员工改进业务，最终获得了员工的理解，由此"坏消息第一"作为一项制度固定下来。

丰田前总裁渡边捷昭也曾说："假如问题被隐藏起来，我一晚上都睡不着觉，所以我告诉员工，我不希望他们隐瞒任何事，我希望第一个听到坏消息。"人都会犯错，而错误是解决潜藏着的问题的契机，丰田高管层持续地发出这样的信号，增强了整个组织的主动性。

花王曾经发生过强制销售化妆品的丑闻，虽然金额只占销售额的 0.4%，但时任总裁后藤卓也在东京证券交易所发布声明，称这不是真正的业绩，并明确了责任，处理了相关人员。后藤卓也表示："因为我很担心，如果不把坏事不留情面地公布出来，人们就会认为做坏事也没有关系。"花王高管层以自身的实际行动展现了接下来将要介绍的"花王之路"中的"坚守正道"。

由此可见，高管层倾听负面信息并正面面对的态度能够证明企业理念和愿景不是"画大饼"，并推动愿景在日常工作中落地生根。

高层与基层联动，共享愿景

2004 年 6 月，尾崎元规就任花王总裁，同年 6 月，他正式提出了"花王之路"的企业理念。尾崎说过，"要想在世界范围内把生意做大，坚定不移的理念是必不可少的。"[12] "由于全球化与业务范围的扩大，花王成了庞然大物。如果算上海外员工，花王的员工多达两万人。因此，把花王的特色面对面地传承下去，让员工们形成习惯，这件事越来越难。"企业理念的渗透非常困难，但是高管层亲自做出了组织承诺。

在明确提出"花王之路"时，尾崎元规对照自己在花王工作 30 年的经验，对理念的表述一字一句地反复推敲，"我们根据时代的变化改变目标和战略，但不能改变看待事物的方式和立场。"此外，花王还用 9 国语言制作了解释"花王之路"的小册子。

为了让员工真正理解花王的每一项价值观和行为准则，尾崎元规从不吝惜花费了多少时间和力气。除了文字说明，花王还举办了旨在加深对

"花王之路"理解的工作坊,把"永不停止的革新""消费者起点"等与"花王之路"相关的年度主题逐一分配给各大海外分公司,要求它们拿出成果。这样做的目的是让他们贯彻落实"花王之路",积累经验,对这一理念产生深刻体会。

尾崎元规还说过:"不到生产经营一线去,就发现不了使企业理念深入人心的好故事。"因此,自 2005 年起,花王每季度举办一次名为"尾崎总裁亲临生产一线"的集体活动,在消费者咨询中心、研究所、工厂、营销公司等场所,召集来自各个部门的员工开展自由讨论,让他们分享体现"花王之路"的故事,再由尾崎元规在其他场合分享、传播。

此外,花王还举办了"花王之路工作坊"[13],让员工们在生产经营一线讨论"花王之路"的行动标准,相互分享自己在业务工作中的感受。各部门和子公司也对照各自的业务内容解读"花王之路",将二者对应起来。协作交流部在负责策划工作坊的下平博文说:"我们希望清除'理念归理念,工作归工作'那种简单粗放的观念。"[14]

花王的案例表明,在进一步全球化的变动过程中,只有高层与基层协调联动,才能不断地将愿景转化为日常的行动。

在经营改革中统领全局的理念

2000 年,中村邦夫就任松下电器总裁,立即举起了"破坏与创造"的大旗,坚决推行了一系列改革,比如设立"National 营销总部",开展家电物流改革,从集团中拆分出子公司,这些措施在以前是人们无法想象的。中村邦夫带领松下实现了奇迹般的业绩反转,此后于 2006 年 6 月将总裁的接力棒交给了大坪文雄。为了打造经久不衰的全球化企业，2008 年，大坪文雄宣布松下电器更名为 "Panasonic"。"放弃怀旧，走向世界"[15]，大坪文雄的话语中也蕴含了中村改革的精神。

不过，中村邦夫和大坪文雄都继承了松下幸之助的经营哲学，并坚持"企业是社会的公器"的理念。

中村刚刚到任之时，僵化的观念在组织内部蔓延滋长，尽管松下的创始人留下了"日日新""除了经营理念，没有什么是不能改变的"这些名言警句，但是大家普遍认为不能更改创始人制定的规则。然而，中村邦夫却敢于这样做，例如把事业部制"破坏并创造"为 14 个业务领域，其原因在于当时大家都非常想进入松下的电视机事业部或洗衣机事业部，而事业部之间的交流几乎为零。

中村邦夫说："'日日新'的意思是必须改变不符合时代要求的东西，必须持续地创新。""一想到'假如创始人在这里，他也会改变吧'，我就有了极大的勇气。"

虽然公司内部的老员工对此有所抵触，但由于毫不动摇的中心（即经营理念）的存在，松下电器的改革圆满完成。中村邦夫说："现在大家都说'当时中村非常坚定'。"

中村坚持创业以来的理念不动摇，努力在方法论上实现飞跃，"面对危机，经营者必须首先确立理念，然后以此为依据建立能够改变员工行为的机制，进而引发每天的新变化。我认为经营者应该把这 3 点做到极致。"

中村邦夫还说过："在我看来，经营的骨子里流淌着的是创业者的精神，如果创业者的目标、理念不能薪火相传，这家企业就难以长久。"这句话表明，无论面临怎样的经营状况，都应该使理念和愿景渗透到公司的每一个角落，不断地传承下去。

中层在一线分解愿景

日本电装公司在 32 个国家和地区拥有 12 万名员工，它开展了一项长期计划，旨在用 10 年的时间使企业理念渗透于整个组织。随着全球化的迅猛发展，海外员工和非正式雇员的人数越来越多，在此背景下，日本电装公司希望明确此前一直以隐性方式传承的"电装特色"，重新定义企业理念，统一员工们的思想。2005 年，电装公司明确提出了行动方针——"电装精神"，计划在 2015 年年底前将电装的价值观广泛传播到国内外。

在宣传企业理念的过程中，电装公司非常重视在职场中形成"员工们对话的场所"[16]。因此，各个办公区域的负责人成为员工对话的促动师（Facilitator），并设置了讲述与"电装精神"相关的自身工作经历的场所。最终，员工们逐渐开始说出自己的故事。

此外，遍布全球的理念宣传活动由分公司所在地的员工来主导[17]。电装人事部的主管坂元邦晴说出了不是由日本人主导的理由："不能由上级强行灌输，当地员工自己理解之后再告诉周围的人，这一点很重要。"目前，在世界各地的分公司里，负责理念宣传活动的当地员工约有 200 人，特别是在中国的某个分公司里，一名承担这项工作的当地员工表示："我们已经理解了'电装精神'的含义和思路，并产生了共鸣。但是如何在每天的工作中实践'电装精神'，我们还缺乏经验。"中层管理人员对生产经营一线的情况十分熟悉，通过引导对话，设立共享的场所，他们能够使企业理念实实在在地扎根于一线员工的心中。

面向未来、不断描绘愿景的经营

第二次世界大战结束后，佳能一度解散。1946 年，时任佳能总裁的御手洗毅把老员工们召集起来，重整旗鼓，当时他说了这样一句话："凭借照相机称雄于世界的日子必将到来。"[18] 在公司创立 10 周年的纪念晚宴上，他说："我们要时刻想着莱卡，以'打倒莱卡'为目标干我们的事业。"在那个时代，德国照相机品牌莱卡和康泰时遥遥领先，平分了全球市场的份额，而佳能连自主制造的镜头都没有。

20 世纪 60 年代前期，台式计算机、复印机等设备技术显著提高，佳能也开始向照相机以外的领域进军，其办公设备的销售额大幅增长。这项举措的背景是，1967 年佳能迎来了创立 30 周年纪念，御手洗毅在当年的新年贺词中说："今年，为了给公司的繁荣发展打好基础，我们必须左手高举照相机，右手展示光学设备，大力提高出口额。"[19] 此后，"左手照相机，右手办公设备"成了佳能的口号。

御手洗富士夫接任总裁以后，每个月都在总公司召开干部大会，并坚持亲自讲话。[20] 700 多名管理人员参加会议，御手洗富士夫非常重视与他们的直接交流。他每年都要去一次外地的工厂，听取生产经营一线员工的汇报，然后向员工们讲述佳能今后的经营方针和长期规划。"小一点的业务部门，全员参加汇报；大一点的部门，组长以上人员参加；再大的部门，主管以上人员参加，1000 多人的会议我能讲两小时，每年我直接与 7000 多名员工对话。我非常希望把自己的想法直接告诉每一名员工，但很遗憾我没能做到这一点。"

　　佳能把企业必须走上的道路当作愿景，持续地向员工描述，从而使其事业蒸蒸日上。

提高业绩的三种组织能力

　　本章我们分别论述了提高业绩的三种组织能力，并阐明了一个机制：构成整个组织的人力资本和组织文化等因素相互关联，支撑起组织能力。要想打造持续成长型企业：必须具备"执行与变革力"，同时完成每天的实践和面向未来的变革；必须具备"知识创造力"，培育丰富的关联性，充分地交流沟通，创造新知识；必须强化"愿景共享力"，共享愿景的意义，使其渗透于组织的每一个角落。

　　在第三章，我们将讨论组织能力的基础，即价值标准。

日本の持続的成長企業

持续成长型企业的价值标准

:

本章介绍了持续成长型企业一以贯之的价值标准。

对一个组织来说，价值标准是其已经深入人心并为大家所默认的价值观、行为规范和信念体系，它渗透于从日常场景到管理层的方方面面，影响着整个组织的行动和判断。

在提炼价值标准时，我们着重使用定性信息进行事实分析，并辅以"组织能力调查"以及其他的定量分析。分析结果显示，组织的价值标准主要有以下三组（见图 3-1）。

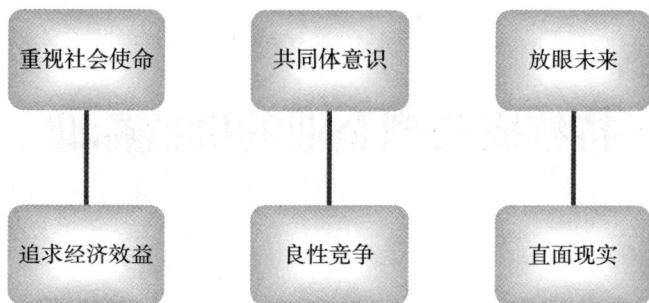

图 3-1　组织的价值标准

由此可见，持续成长型企业具有以下三组一以贯之的价值标准。

- 既重视社会使命，也追求经济效益；
- 共同体意识与良性竞争共存；
- 既放眼未来，也直面现实。

这三组价值标准的每一对都具有相互矛盾的属性，要维持这些价值标准，产生冲突是不可避免的。解决这些冲突的方式，乍看起来是一种权衡之道。事实上，通过使矛盾双方共存并灵活自如地使之保持平衡，这个过程可以催生活力与创新，成为组织能力的有效支撑。

接下来，我们将介绍持续成长型企业是如何平衡这三组相互矛盾的价值标准的。

既重视社会使命，也追求经济效益

不是责任，而是使命

安然、世通等美国公司财务造假，日本肉制品公司制作虚假标签，日本某些汽车公司隐瞒召回汽车数量，诸如此类把追求短期利益放在首位而故意破坏社会正常秩序、违背社会公德的事件屡见不鲜。这些事件的发生，让全世界开始再度关注企业社会责任（Corporate Social Responsibility，CSR）。换句话说，人们开始普遍认识到，一家优秀的企业，不能仅仅追求利润，更重要的是要履行公司管理中的社会责任。

此外，不管是股东还是股市投资者，这些致力于追求企业利益最大化的企业利益相关方在进行投资判断时，已不再仅仅从财务收益的角度进行考虑，而是更多地从社会性角度出发，采用名为社会责任投资（Socially Responsible Investment，SRI）的思维方式。将社会性和伦理性指标融入优秀企业评价标准，名为"SRI基金"的投资信托产品开始迅速普及。这些变化表明，人们开始普遍认识到企业履行社会责任与企业价值的提升息息相关。

在这种情况下，基于对过度市场原理主义的反思，在麦肯锡公司的支持下，有关方面于 2009 年在美国召开了一场关于思考新时代管理创新的研讨会。[1] 会议组织者是加里·哈默尔（Gary Hamel），他是《公司的核心竞争力》和《竞争大未来》的作者。除此之外，与会的还有《战略历程：纵览战略管理学派》的作者亨利·明茨伯格（Henry Mintzberg）以及倡导"学习型组织"的彼得·圣吉（Peter M. Senge）等管理学家。他们和谷歌等创新型企业的管理人员齐聚一堂，对未来的管理方式进行了探讨。这次会议的讨论结果被整理成 25 项会议提案。其中，第一项条款如下：

> 确保管理层致力于实现更高层次的目标。不管在理论上还是在实践过程中，管理层都必须致力于实现对社会有意义的高尚目标。（Ensure that management's work serves a higher purpose. Management, both in theory and practice, must orient itself to the achievement of noble, socially significant goals. ）

这一条提及的正是企业的社会使命。

《竞争战略》的作者迈克尔·波特（Michael Porter）在他近几年的论文中提到了企业成功与公共福利之间的关系问题。[2] 波特提出，当下关于企业社会责任的主流观点是片面的，这些观点局限于强调企业能为社会做出贡献，而忽略了企业本身的战略和业务，造成了企业社会责任与企业战略的脱节。

企业要履行社会责任，必须与企业自身的商业决策相统一，而不是首先假设企业经济利益与社会利益是相冲突的。企业社会责任既不是成本，也不是约束，更不是慈善行为，它是一种商业机会、一种创新，甚至是建立竞争优势的商业活动。

但是，我们其实无须言及"社会责任"这个词，企业本来就应该具有社会使命感。之所以这么说，是因为企业想为社会做贡献，创造一个美好社会的使命，应该是自发的，而不是一种外部强加于己的责任。

彼得·德鲁克认为企业是"一种社会组织，能够实现社会职能"[3]。同时，他提出企业"能够对社会产生影响，并且有着长期调节经济、社会以及人们生活的力量"。换句话说，企业天生就是一种社会组织，我们不应该只关注它"经济性"的一面，而是应该把它看作"社会组织"。而作为一个"社会组织"，企业拥有社会使命感是理所当然的事情。

企业是构成社会的组织之一。企业与社会相互关联。而且，即使是企业中的个人，其本身也是社会中的一员。持续成长型企业能够将企业所拥有的社会特性作为一项使命来开展业务，多元化地与社会接触，并最终获得经济效益。这与一些无条件地单纯追求股东收益最大化的公司形成了鲜明的对比。

持续成长型企业的社会使命

如果过于强调公司的社会使命，最终导致公司破产，这就本末倒置了。乍一看，社会使命与经济利益似乎是一对相互矛盾的概念。实际上，很多持续成长型企业在追求自身社会使命的同时，也获得了经济上的成功。重视社会使命的管理结果催生了企业的创新活力，大大激发了员工的积极性，而这都转化为企业成长的原动力。

"组织能力调查"结果显示，如果一个项目的高层管理者能够"在做出决策时，不仅关注业绩的提升，还会考虑到企业在社会上所扮演的角色"，那么这个项目的业绩与组织能力呈高度正相关。高层管理者能够重视社会使命的企业，往往也具备强大的组织能力。

但是，为了不让社会使命变成"漂亮的花瓶"，好看却不实用，就必须使其与全公司的经营活动相融合，赋予其真实感。持续成长型企业的经营理念和经营哲学明确地表现出其强调社会使命的意图。例如，卫材株式会社在其公司章程里提到："①本公司秉承将患者及其家人的情感放在首位，为提升其福祉做出贡献的经营理念，旨在成为一家人类健康护理企业（Human Health Care，HHC）。②本公司的使命是提高患者满意度，从而提升销量，获得利润；并且我们认为使命和结果的顺序十分重要。"可以说，卫材株式会社的社会使命决定了其经营范围。

贺来龙三郎先生（佳能公司原名誉董事长）被称为佳能的"中兴之祖"。他在 1987 年佳能创立五十周年之际，提出了"共生"的理念。以下是贺来龙三郎先生在 1997 年时讲过的一段话。[4]

很多人都会对这样一个问题感到困惑，跨国公司应该怎样做才能在确保利润的同时，履行其促进和平与社会繁荣的义务。从我的经验来看，答案是"共生"，即个人和组织为了共同善（common good）而共同生存、共同发展的"合作精神"。实行"共生"理念的企业在顾客、供应商、竞争企业、政府以及自然环境之间建立了一种和谐关系。如果一个集团能够实行"共生"理念，则可以形成一股改革社会、政治、经济的强大力量……如果企业只以获得市场份额和确保利润为目的进行经营，则会在经济、社会、环境等方面对整个世界造成毁灭性的破坏。

虽然管理层几经更迭，但这种"共生"理念现在依然被佳能公司视作公司的经营理念。

雅玛多控股集团（Yamato Holdings）原总裁小仓昌男于 1993 年设立了雅玛多福利基金会。该基金会因为帮助残疾人自立而被人熟知。他在著作中这样写道："我认为企业的目的是永续发展。为了使企业持续发展下去，就必须有利益。也就是说，利益既是手段，也是企业经营的成果。企业是社会性的存在，负责有效地运营土地和机械等资本，向社区、社会提供商品和服务，维持人们的生活。[5]"这些企业履行着各自的社会使命，同时实现了自己的持续成长。

追求共同善理念带来的创新

人类是群居动物，与生俱来地有帮助别人、与别人合作的欲望，以及通过自己的努力实现梦想的想法。当这种利他主义或内在涌现的个人欲望成为一种心理能量，并与作为社会使命、以共同善为目标的经营理念产生共鸣时，个人的自发行动就会得到升华，其力量将会被集中起来运用到实现使命上。

欧力士集团（ORIX Corporation）董事长兼首席执行官宫内义彦在其著作[6]中也谈到了社会使命："企业的社会意义和作用，以及在那里工作的人们感受到的充实感和成就感，应该是优先于公司薪酬制度考虑的问题……员工总是希望管理者能够创造一家企业，使其能够从中获得成就感，对社会做出贡献，并能切实感受到自身在社会中的存在感，同时在薪酬方面也能满意。"为了使组织能够达成上述目标，每个人都应该最大限度地发挥个人的力量，而共同善理念会使这变得更加容易。个人也会通过与秉持共同善理念的组织签订劳务合同的方式，实现自身存在的价值。

如果把履行社会使命作为经营目标，企业就需要把"社会"这个大的关系性组织纳入视野。社会关系是多元复杂的，因此要实现这一使命并不容易。

为了实现这个使命，企业需要有放眼未来的志向，而不是着眼当下，在现实的框架内思考问题。另外，企业也需要有看向整个社会的开阔视野和大局观。当我们面向未来审视整个社会时，就会发现新的挑战，从而催生创新。本田 CVCC 发动机的开发就是一个很好的例子。

20 世纪 60 年代，随着经济的高速发展和家用车的普及，美国开始深受大气污染的困扰。1966 年，本田研究所的成员们考察了美国的状况，在他们的建议下，本田成立了"空气污染控制实验室"。美国当时面临的问题，是逐步迈入汽车时代的日本将来也要面临的问题。因此，开发者们想要改变这种未来，并发誓"要为肩负未来的孩子们留下美丽的蓝天"。

在下决心举全公司之力进行低排放发动机的研发后，本田宗一郎决定暂时退出他所热爱的世界摩托车锦标赛（MotoGP）和世界一级方程式锦标赛（F1）等赛车活动，并把这些工程师们送到低排放发动机研发的一线。

1970 年，美国加利福尼亚州议会通过了一项名为《马斯基法案》①的法

---

① 该法案要求"从 1975 年开始，汽车尾气中的有害物质必须减至当前水平的 1/10 左右"。——译者注

案。虽然全世界的汽车制造商纷纷表示反对，但该法案还是于 1970 年 12 月生效。这一事件迫使本田的开发进程不断提速，与此同时，法案提出的被看作绝对无法达到的标准也对本田公司提出了新的挑战。

当时，欧美的汽车制造商为了应对这一法案，尝试通过使用催化剂进行后处理的方式 ① 实现低污染排放。但是，本田宗一郎说："要从根源上保证排放尾气的清洁干净，既然是发动机的问题，就必须从发动机层面来解决。"7 他始终坚持彻底创新燃烧技术。最终，1972 年 12 月，本田成为世界上第一个通过《马斯基法案》规定的排放标准的汽车生产企业。

"要为肩负未来的孩子们留下美丽的蓝天"，据说这一表达当时开发者们想法的话语，成为本田精神的起源，至今仍在代代相传。在这个巨大的社会关系网中，本田在进行 CVCC 发动机的开发时，既能着眼于孩子们的未来，又能勇于面对当下艰巨的挑战。在这个过程中，本田既形成了"以人为本"的经营哲学，也实现了被称作"三喜理念"（购买者的喜悦、销售者的喜悦、生产者的喜悦）的社会使命。

笔者认为："管理者现在必须再次明确'自己的公司想要拥有怎样的未来''自己公司的最终目标是什么'并扪心自问，这些理念是否与'共同善'的理念相一致。同时，还应该确认员工在日常工作中的价值观是否符合社会上'善'的理念，是否基于该企业的理想所产生的。"8

为了使每名员工的日常行动和想法与公司的目标方向相吻合，企业首先必须明确自身所追求的善以及自身赋予社会的善，也就是"共同善"。因

---

① 这是将发动机排放出的有害气体通过催化剂中和，进而达到净化尾气的目的。——译者注

为如果企业明确了"共同善"，就可以把每个人的智慧集中起来，迸发出超越个体力量总和的巨大力量，成为向理想迈进的强大动力。

兼顾社会使命和经济利益

有研究表明，企业履行社会使命和追求经济利益是相互共存的。日本经济新闻社每年会进行企业的"环境管理度调查"。该社的报告指出，环境管理和企业的总市值（对数）之间的相关性系数是 0.68。[9] 此外，该报告的起草者使用同一环境管理调查数据分析，也得出了"履行社会使命的企业环境管理与企业价值最大化之间是兼容的"这一结论。[10]

美国强生公司是一家保持着良好业绩的公司。其股息连续 47 年保持增长，营业收入则保持了连续 76 年的正增长（截至 2009 年）。下面介绍强生公司的企业理念及行为准则，即"我们的信条"（Our Credo）中的一节。

> 我们要对我们所生活和工作的社会以及整个世界负责。
>
> 我们必须做好公民——支持对社会有益的活动和慈善事业，改善医疗和教育条件，并缴纳我们应付的税款。
>
> 我们必须很好地维护我们所使用的财产，保护环境和自然资源。

上面这段话是 1943 年由强生的第三任总裁罗伯特·伍德·约翰逊提出的。当他首次在董事会上宣布这一信条时，他补充说道："这段话所描述的想法将是公司的经营理念""如果有人不认同这段话，那么请去别的公司工作"。

"我们的信条"被罗伯特·伍德·约翰逊当作经营理念和行为准则，并且在全世界范围内获得了广泛认可，现在已经被翻译成 36 种语言，被各大集团公司和员工共享。企业员工每天胸怀"我们的信条"这一理念推进工作，其结果就是带来了丰厚的经济利益。

共同体意识与良性竞争共存

温情与严厉共存

基于"组织能力调查"的结果，我们对"企业文化"进行了调研，以探索哪些"企业文化"项目与提升业绩的组织能力密切相关。研究结果显示，表现出温暖的共同体意识、对个体的尊重以及严格的紧张感的项目与组织能力之间存在密切关系（见表 3-1）。业绩优秀的企业，往往比较重视在组织内部建立诸如"有作为一个团队的整体感""各个组织、个人之间互相协作"等强调组织关联性的价值观，同时也尊重人才的多样性，善于利用各种各样的人才。另外，研究表明"互相之间严格要求，共同成长"也与组织能力有着密切的联系，业绩优秀的企业，由内而外往往都表现出严厉感和紧张感。

表 3-1　温情、严厉与组织能力提升之间的关系

项目（企业文化）	相关系数
有作为一个团队的整体感	0.66
各个组织、个人之间互相协作	0.64
能够利用各种各样的人才	0.61
互相之间严格要求，共同成长	0.60

其他的定量分析也能得出同样的结果。表 3-2 显示了我们过去评定企业特性的 DNA 调查 [11] 的结果，该调查从可以获得财务数据的约 50 家企业中，分别选择了业绩最好和业绩最差的 10 家企业，并对其员工所选的符合自己公司 DNA（与公司实际情况相近）的关键词和标准进行了分析。

表 3-2　DNA 调查业绩最好和业绩最差的 10 家企业的关键词

业绩最好的 10 家企业		标准	业绩最差的 10 家企业	
关键词	企业数		关键词	企业数
认真	10	坚持到底的责任感和诚实	认真	9
勤勉	8		勤勉	7
诚实	8		诚实	5
努力	7		努力	6
竭尽全力	8			
责任感强	8			
永不放弃	5			
强烈的客户导向	5			
有道德	5			
扎实、实实在在	8	踏踏实实、稳定地执行任务	扎实的、实实在在	5
有常识	7		有常识	5
稳健	8			
可靠	6			
遵守纪律	6			
慎重	5			
小心谨慎	5			
重视秩序	5			

（续）

业绩最好的 10 家企业		标准	业绩最差的 10 家企业	
关键词	企业数		关键词	企业数
重视珍惜员工	7	相互关怀和温情	重视珍惜员工	6
和睦	5		和睦	7
			温情	7
			心情舒畅	6
			会照顾人	5
			富有同情心	5
互相协作	7	强烈的团队协作意识	协调的	5
畅所欲言	8	开放的交流环境	畅所欲言	6
心直口快	7		心直口快	7
坦率	6		坦率	5
有专业意识	8	追求高度的专业性	有匠人气质	7
讲究	7			
寻求自我发展	5			
专业性强	5			
包容性强	7	尊重自由与个性		
尊重个性	7			
有紧张感	5	通过严格管理与竞争促进成长		
获得锤炼	5			
充满挑战精神	5	有实现理想的欲望和热情		
有面对困难的勇气	5			
讲道理	5	强调理性判断和逻辑性		
灵活	5	灵活应对变化		

注：1. 此处列举了业绩最好的 10 家企业和业绩最差的 10 家企业中各有 5 家以上的企业选择过的关键词，以及该企业内 30% 以上的员工选择过的关键词。

2. 阴影部分是业绩最好的 10 家企业和业绩最差的 10 家企业共同选择过的关键词。

3. 业绩数据使用的是股票回报率（1991 年 12 月—2006 年 12 月股票价格的年平均增长率）。

从上述结果可以看出，一方面，业绩优良的企业不仅讲究"温情"，也会创造"严格"的工作环境以应对挑战。很多企业都选择了与"相互关怀和温情""强烈的团队协作意识"相关的关键词，这说明企业内部建立了相互信任和合作的良好关系。同时，"通过严格管理与竞争促进成长""有实现理想的欲望和热情"的很多关键词也被多数企业选中。从被选中的关键词——"有紧张感""获得锤炼"等可以看出，严格的工作环境可以培养出"具有挑战精神""直面困难的勇气"等企业文化。

另一方面，在业绩最差的 10 家公司中，员工们也选择了部分与业绩前 10 名企业相同的关键词。但是，却没有 1 家企业选择与"严厉"相关的关键词，而选中"相互关怀和温情"等与舒适感相关的关键词的企业数量比业绩前 10 名企业要多。另外，尽管表格中没有体现，实际上，一部分业绩差的企业只选择了与"严厉"相关的词语。这些结果表明，如果企业文化只具备"严厉""温情"中的某一方面，业绩是无法获得提高的。

温情与严厉的区别使用

佳能公司是一家实现了持续成长的企业，也是一个将温情、公平、严厉与紧张感紧密结合的组织。

现任佳能董事长御手洗富士夫此前在担任佳能总裁一职时，进行了自上而下的管理改革。他陆续提出了诸如高效的现金流管理、放弃无利可图的业务、引入矩阵式组织等新的管理手段，也维持了终身聘用制这一旧制度。

御手洗富士夫在接受采访时这样说道 [12]：

公司的实体就是员工，除了员工，公司没有任何其他实际存在的资产。评判公司能力的一个标准，就是看员工实力的累加值。企业应锻炼员工、激励员工。员工之间互相切磋、学习，秉持着命运共同体的意识，充满活力地向着同一个目标奋进。在日本，这些集中体现在终身聘用制的形式中。在经营遇到困难时，以命运共同体意识团结起来的少数精英团队要比那些以获得报酬为最大目标的员工组成的松散组织强得多。这也正是佳能的核心竞争力所在。

终身聘用制促使公司和员工成为一个命运共同体，这也就是所有人努力使公司变得更好的经营哲学之所在。也正因如此，我们管理层不能埋没这些有能力的人才。也就是说，不能再让才华横溢的人从事没有前途的工作。如果不能鼓起勇气去摒弃那些没前途的业务，转而选择有意义的业务，那么一切都会变得困难。

还有一点就是彻底的实力主义。一味地论资排辈会使人腐化。佳能从创业之初，工资和待遇制度就与学历背景、年龄、性别等毫无关系，纯粹以实力论。

我们要让每个人都发挥出自己的能力。因此，我们将公平竞争……因为公司崇尚公平竞争，所以激发出了每个人的活力。我们不看重教育背景。我们的体系是提拔任用有实力的人才。正确且公平地认识人们的能力才是人文主义和以人为本。

在佳能，即使裁撤了个人计算机业务，相关的技术和人员也没有被放弃。这些技术人员在业务裁撤后被调入公司的其他部门，做到了人尽其用。一些技术人员在新的业务中迸发出了新的活力，这样的例子不在少数。

　　佳能的数码相机业务也是如此。佳能对数码相机业务的开发始于1984年。这一开发项目主要是针对洛杉矶奥运会开发适用于新闻拍摄的相机。在这之后，因为商业需求不足，佳能于1992年对该业务进行了重组，放弃了其中的专业化相机部分。虽然专业化相机开发部门从总部剥离出来，相关人员也被分散到了研发部门等其他部门，但是这些从事数码相机开发的人员并没有被更换，他们工作的场所也几乎没有变化（还是在佳能），这也使得相应的宝贵经验知识得以传承。正是有了这些知识，才有了"IXY DIGITAL"这一划时代轻量化小型相机的诞生。

　　佳能的命运共同体意识源于第一任总裁御手洗毅提倡的"新家族主义"。之所以说是"新"家族主义，是因为这并不是明治维新之前日本社会的家庭作坊式的"家长主义"[①]。"新家族主义"废弃了以前落后的封建管理思想，更加强调对员工及其家人在工作和生活方面的关爱，是一种家族内部成员之间彼此交换意见，共享悲伤和欢乐，一起同甘共苦的新形式。"新家族主义"的表现形式多样，典型的有邀请过生日的员工及其家属到公司举办生日聚会，由总裁和其他高管出面接待并为其庆祝生日，还有举办"公司内部婚礼"等。另外，御手洗毅还倡导"健康第一主义"，并于1976年在日本企业中首次引入双休日制度。在第二次世界大战后不久，佳能就成立了"员工之家"（不是传统的工会），这个组织一开始就走着协调各方利益的路线。御手洗毅认为"如果不协调劳动、资本、经营之间的关系，公司就不会获益"，他提出了将利润对资本（股东）、经营和劳动三方（各占

---

① 所谓的家长主义，是指老板就是家长，所有员工都是家族成员，员工的生活和劳作都由家长一个人负责和管理。——译者注

1/3）进行分配的"三分配制度"，进一步提高了命运共同体意识（1950—1964 年）。

除了倡导"新家族主义"和"健康第一主义"，御手洗毅也没有忘记实施公平对待员工的实力主义。当时，御手洗毅废除了社员和工人的身份区分①，将全体工作人员统称为员工，并引入了月薪制度②。由于废除了学历主义，佳能聚集了大量的优秀工人和技术人员。正是借助这些改革，佳能形成了公平对待员工、倡导实力主义的企业文化。之后在 1963 年，作为实力主义的象征，佳能又领先于其他公司引入了职业资格体系以及其他一系列政策措施。

之后担任佳能总裁的御手洗富士夫，在保持终身聘用制不变的情况下，开始着手向职务等级制等新的人力资源制度转变，从而为已经开始出现破绽的实力主义注入新的活力。佳能从成立之初就形成了以自发、自治、自觉为内容的"三自精神"行动方针，御手洗富士夫回归原点，重新强调了这一方针，并将其制度化。就这样，佳能从创立以来，在"温情的共同体意识""公平、严格的实力主义"的共同作用下，实现了持续成长。

危机中共同体的维持

本田的前社长福井威夫先生说，面对本田 2008 年度可能陷入亏损的危机，他重新阅读了本田创始人本田宗一郎先生和藤泽武夫先生的话[13]。因为

---

① 当时的日本社会，企业中存在严格的社员和工人的身份区分，工人进出公司不能与社员走同一个门。——译者注

② 当时日本社会流行计件工资制。正是由于是计件工资，工作人员之间相互抢夺工作、相互之间不传授经验技能等问题频发。——译者注

他们两个人也曾直面并成功地克服了各种各样的危机。

50 年前的本田公司内部新闻简报中写过这样一段话："在企业的社会责任中，最重要的是解决就业和履行纳税义务。为了履行这些责任，企业必须保持持续成长。所以企业必然追求经济利益。因为如果出现严重亏损，企业就会倒闭，那么解决就业也就无从谈起。"看到这些话，福井表示："为了获得巨大的经济效益而进行裁员，这在本田是不可想象的。但是也正因如此，我们也绝不能出现亏损。"

福井因为想参加赛车比赛而进入本田，后来担任本田赛车公司的总经理。2008 年的金融风暴导致公司业绩持续下滑。福井不得不暂时放弃自己所挚爱的赛车事业，宣布本田退出 F1 比赛。福井表示："我们不能继续留在 F1，却裁掉公司的一些非正式员工。现在我们要做的首先是退出 F1，然后是削减董事们的薪酬，而裁员是在亏损最严重的时候才会考虑的事情。这个顺序不能乱。""我决定在退出 F1 的同时削减董事薪酬。当然，我无法马上做出这一决定。通常情况下，这类决定将在明年的股东大会上结合今年的经营业绩进行表决。我们已经决定提交该项提案了。"即使面对前所未有的危机，本田也十分重视维持自身组织以一个共同体的姿态存在。

共同体意识的重要性

在日本，社员一般是指工作人员。实际上，根据日本的《公司法》，社员是指股东而不是工作人员。在实际操作过程中，这个界定可能稍显模糊。使用"社员"这个词可以提高企业员工的共同体意识，因此，该词也就在无意识中被当作工作人员使用，并一直固定沿用下来 [14]。

日本的很多企业都采取了长期聘用制度，在这一前提下，每个企业的工会组织和企业管理者之间的关系并不一定是对立的。相反，这些企业中的劳资关系可以说是长期共存关系。一般的聘用关系是单向的，管理者聘用员工，员工根据所赋予的权限开展业务。但是，在日本，聘用关系的方向并不仅仅是从管理者到员工，反过来，员工也会将自己的人力资源托付给管理者，由管理者统一管理。可以说，这是一种双向的契约关系。

这种长期的双向关系带来的结果是，对管理者和员工双方来说，博弈论（Game Theory）中所谓的合作共赢成为最合理的选择。我们运用一个经典模型——众所周知的囚徒困境模型来说明（见图 3-2）。

		员工	
		背叛	协作
管理者	背叛	（0，0）	（40，-10）
	协作	（-10，40）	（30，30）

图 3-2　囚徒困境

注：括号内左侧数据表示管理者的收益，右侧数据为职工的收益。

假设组织中存在管理者和员工。我们也可以将其替换为老板和下属。管理者和员工都有两个选择：一起协作推动工作或互相背叛。管理者的背叛意味着员工勤奋工作却没有获得足够的回报，公司处于剥削员工的状态。

假设员工背叛公司，他会只领取报酬，却没有履行其应尽的职责。

如果双方合作推动业务，那么双方都能获得高达 30 的收益；如果双方相互背叛，双方收益都将为零。此外，如果一方试图合作，但另一方背叛，背叛方的收益为 40，而被背叛一方的收益为 –10。如果管理者背叛并剥削员工，那么努力工作的员工的收益就会为负，而管理者可以得到比相互协作时更大的收益。如果员工背叛公司，就相当于他们没有工作却获得了报酬，这意味着他们也获得了比共同协作时更大的收益。

如果双方合作，两者都能得到 30 的收益，但这是在双方都很理性的情况下才会做出的选择，事实往往并非如此。例如，管理者在员工背叛的情况下，如果自己也背叛，其收益就是零，如果合作，管理者可以获得 –10 的收益。因此，在这种情况下，管理者选择同样背叛比较好。另外，在员工不背叛的情况下，管理者选择背叛，其收益是 40；管理者选择合作，其收益则是 30，所以还是背叛比较好。也就是说，管理者的背叛与否与员工的选择无关。对管理者来说，选择背叛一定是对自己有利的。对员工来说，情况也是完全相同的，自身的选择与管理者的选择无关，做出背叛的选择一定是对自己有利的。在这种情况下，双方无法合作推进工作。

但是，如果双方的博弈并不止一次，而是一个长期反复进行的事项，那会怎么样呢？只要管理者和员工共同合作推进工作，双方每次都能获得 30 的收益。与此相对应，假设一方背叛了另一方，在这次博弈中，背叛者马上可以得到 40（大于 30）的收益，但之后被背叛者会放弃合作，之后背叛者的收益会变成零。在连续多次合作推进业务的情况下，为了追求短期的高收益而背叛是不合理的，而长期合作才是合理的选择。

这种情况也适用于以长期雇用为前提的日本式聘用关系。另外，该模型表明，管理者和员工在组织中致力于建立长期合作关系并相互信任，企业的管理运营也会变得顺畅，最终会带来业绩的提升。为了维持相互之间长期的合作关系，并使利润最大化，管理者和员工之间相互信任是非常重要的。

提高严厉度的企业价值

持续成长型企业会在作为一个共同体存在的同时追求严格管理。实际上两者并不冲突，从经济角度看，两者共存是必然的。对员工严格要求，也就是严格追究员工对企业的成长或发展所做出的贡献和成果。我们试着假设一下完全不问员工成果的情形，即不论结果如何，不管员工取得多少成果，员工都会从公司获得固定收入的情形。我们之所以有此假设，是因为存在员工领取固定工资的情况。

现在，假设该公司有 A、B 和 C 三个业务机会（项目、交易和对策都可以）（见表 3-3）。每个商业机会带来的利润是不确定的，并且假定出现：①相对理想的状况；②相对不理想的状况。各自的概率分别为 50%。对于项目 A，在状况①下，利润将增加 100；在状况②下，利润将增加 30，平均利润为 65。此外，假设给予员工的份额是固定的，无论采用哪个项目，公司都将支付 50 作为工资。但是，如果利润少于 50，那么除非公司有新的收入，否则所得利润将全部用于支付工资。现在，假设我们选择了项目 A，在状况①出现时，员工将获得固定工资 50；但是，在状况②出现时，项目的利润为 30，也就造成公司无法支付 50 的工资，而是将全部利润 30 作为薪酬支付给员工。综合来看，项目 A 中员工的平均预期收益为 40。那么如果选择项目 A，公司的利润又是怎样的呢？在状况①出现时，所得的利润 100 将有 50 作为薪酬支付给员工，公司剩余 50；在状况②出现时，全部利润都将作为薪酬支付给员工，因此公司没有任何收益。综合来看，该公司选择项目 A 的平均预期收益为 25。

表 3-3　公司和员工的收益

收益\项目	项目总利润			员工部分			企业部分		
	状况 1	状况 2	平均	状况 1	状况 2	平均	状况 1	状况 2	平均
A	100	30	65	50	30	40	50	0	25
B	120	0	60	50	0	25	70	0	35
C	50	50	50	50	50	50	0	0	0

注：员工的薪酬为 50。

我们按照相同的方法来计算项目 B 和项目 C 的收益，结果如表 3-3 所示。通过表格可以看出，在这种不是很严格的计算方式下，员工预期平均收益最大的项目是 C，而公司能获得最大收益的是项目 B。这会导致员工想实施项目 C，而公司想实施项目 B，两者产生了冲突。同时，我们要注意到，项目 B 和项目 C 都不是整体平均收益最大的项目。从项目总收益来看，项目 A 的收益最大。[15]

这表明在完全不讲究严格管理的企业中，可能会产生以下两个问题：一个是员工方和企业方产生利益冲突；另一个是无法选择对企业来说最理想的项目。

此外，我们再来分析一下员工希望选择的项目 C。该项目是典型的"低风险，低回报"项目——收益稳定，平均收益却最低。在没有严格要求的情况下，员工们不太可能会冒险为整个企业争取更大的利益。如果严格追究成果，员工和企业的利益就达成一致，就很可能会共同做出对企业整体最有利的决定。

构筑共同体关系

所谓构筑共同体关系，是指在作为共同体的组织中，既不是将自身与他人区分开的二元论，也不是根据自己的逻辑去建立人与人之间的关系，而是培养一种互相了解对方的主观感受、换位思考的关系。这就是依据胡塞尔现象学中所谓的"交互主观性"[16]所产生的一种关系。建立这种关系，意味着通过考虑与他人的整体关系，产生了超越自己主观性的共通的主观性。

"急他人之所急""想他人之所想"，诸如此类站在他人立场上考虑问题的关系（即放弃自我、共享主观的关系）是丰富且牢固的。在一个组织中，不断地建立大量的这类关系，能够有效地增强组织的向心力。

持续成长型企业建立了温情的人际关系，形成了一个共同体，尊重个人，却又保持紧张感，不会使人产生如泡温泉般的沉溺感，以平衡的方式同时保有了这两种价值标准。

既放眼未来，也直面现实

兼顾未来与现实

"组织能力调查"结果显示，高层管理者能够"放眼未来，为企业的发展奠定良好的基础"的企业，往往拥有较强的组织能力来实现业绩提升（与组织能力的相关系数达到 0.67）。另外，表 3-4 在"组织能力调查"结果的基础上，总结了与提高业绩的组织能力关系密切的"企业文化"项目。该项统计结果表明，组织能力强的企业往往都形成了"重视事业长期发展"的企业文化。

表 3-4　提高组织能力的长期规划和现实导向

条目（企业文化）	相关系数
重视事业长期发展	0.69
拥有创新和变革的欲望	0.65
灵活应对当前状况	0.63
反复试错	0.60
善于改良	0.59

另外，在 Recruit Works 研究所的协助下，我们通过定量分析的方式，研究了企业人力资源管理思想及实践与企业业绩的关系。结果表明，眼光是否长远与业绩的提升密切相关。

我们从 Recruit Works 研究所进行的"2005 年人力资源管理调查[17]"所获得的数据中，分析了能够获得财务数据的约 90 家公司的问卷调查结果，并从中得出了各个项目与公司业绩数据之间的关系（具体内容详见附录 C）。

从这个调查结果中也可以看出，企业为员工考虑，制订诸如"即使业绩下滑也不裁减人员""公司的职业生涯发展支持""双轨制职业生涯"等长远的人力资源政策和措施，其带来的积极结果就是"想要留下来的人才不会辞职"。

　　由此可以看出，持续成长型企业在制订各种政策和措施时会放眼未来，而不是基于短期规划，着眼于当下左右摇摆。

　　但是，如表 3-4 所示，"拥有创新和变革的欲望""灵活应对当前状况""反复试错""善于改良"等重视现实的价值观也已深深地扎根于组织，并为提升组织能力起到了积极作用。

　　也就是说，长期规划和逃避现实、不懂变通是不同的。有危机感和始终追求改进也是持续成长型企业的特征。

长期规划——期权价值

　　在第二章中，我们使用实物期权理论解释了应对变化的组织能力的价值。应对变化的能力不仅包括不惧求变的企业文化和极强的个人能力，还包括技术积累。为了能在发生变化时迅速响应，我们必须做好相应的准备。如前所述，爱发科公司在当时拥有了大量暂时看起来的"无用技术"以备不时之需，可以说是创造了应对紧急变化的期权价值。

　　当业绩下滑时，企业往往只专注于短期成本的缩减。但是破坏了长期期权价值，也会导致企业错过未来很多的成长机会，并降低企业应对其他危机的能力。特别是在当今这种充满不确定性的社会里，仅仅为了缩减当前成本而导致企业减少了未来的很多选择，这是很危险的。对企业来说，通过准备大量的可能会用到的选择项（如多样化的人力资源及基础技术等）提高管理的自由度至关重要。

长期规划和现实主义

在一家持续成长型企业中，高层管理者往往会设定一些艰巨的目标和愿景。从中长期看，这些目标和愿景看起来几乎是无法实现的。但这会激发员工们的工作热情，并会带来业务的飞跃式发展。

本田就是这样的企业之一，它从创立之初就具有这种传统。给了本田宗一郎很大支持的藤泽武夫，在进入公司后不久就总是将"我要把本田变成全球第一大摩托车制造商"挂在嘴边。1952 年 10 月，本田公司决定用超过注册资本金 100 倍的资金进行大规模的设备投资。本田宗一郎站在橙色箱子上，向员工们发出号召："优质的产品无国界，只在日本市场排第一的产品并不是真正的日本第一。因为一旦引进国外优质的产品，所谓的日本最好的产品会立即失效。如果不能成为世界上最好的产品，那也不会是日本第一。所以我们要成为世界第一的摩托车制造商。"[18] 1954 年 3 月，本田公司的内部新闻简报中写道："我们公司现在已经成为行业内的焦点，在未来的几年中，我们将成为名副其实的世界上最好的摩托车制造商。"

1954 年 3 月，本田官方宣布将参加在摩托车比赛圣地曼岛举行的曼岛 TT 摩托车大赛（The Isle of Man Tourist Trophy Race）。曼岛是位于英格兰和爱尔兰之间的小岛，曼岛 TT 摩托车大赛是一项属于世界超级机车锦标赛等级的公路机车赛，在每年 6 月举行。曼岛 TT 摩托车大赛几乎见证了摩托车运动的发展史，是摩托车比赛的活化石，也是世界上最壮观、最危险的赛车比赛，赛车的平均车速超过 200 千米 / 时，最高车速超过 330 千米 / 时。许多员工听到公司"要成为世界第一的摩托车制造商""参加曼岛 TT 赛"

等长期展望，都将其当成自身的一个梦想。本田宗一郎和藤泽武夫把员工的这些力量聚集在一起，引导他们向着实现梦想的方向奋勇前进。在官宣参加曼岛 TT 摩托车大赛的 5 年后，本田正式亮相曼岛 TT 摩托车大赛，并在 1961 年包揽了前五名。通过积累高水平的赛车经验，本田的技术能力也获得了极大飞跃。

另外，本田从创业之初，其经营管理就是正视现实，并将"现场、现实、现物"的三现主义传承了下来。例如，为了回应"面向美国市场制造大的小型厢式货车"的期待，本田开发了奥德赛车型，这项开发计划始于本田汽车美国公司总裁的强烈要求。为此，本田设立了几个研发团队。这些研发团队和项目负责人一起在美国进行了彻底的实地调查。

在约 1 个月的时间里，研发团队为了了解美国厢式货车的使用方式，一边融入当地（现场）生活，一边实地乘坐美国的厢式货车（现物），切身感受了厢式货车的使用方式（现实）。研发团队成员去了各种各样的休闲和体育活动现场，观看和聆听该车型的各种用途。研发负责人小田垣邦道先生这样说道："在美国，人们对于汽车使用的价值观已经从想要乘坐高档汽车转向乘坐更适合自己的汽车，我对这种汽车文化深表赞同，强烈地认识到本田必须生产自己的小型厢式货车。"

正是因为贯彻了"三现主义"，即使之后遇到了公司内部出现反对声音等困难，本田依然完成了奥德赛车型的开发。该车型销售至今，受到很多用户的追捧。

价值标准的创造、维持和发展

本章介绍了作为持续成长型企业组织能力基础的三组价值标准。持续成长型企业能够同时追求社会使命和经济价值，使共同体意识和竞争共存，兼顾长期规划和眼前利益。为了使这些价值标准持续稳定地发挥作用，而不是逐渐消失在历史长河中，我们不仅需要创造价值标准，还需要维持和发展它们。

在持续成长型企业中，价值标准会以创业者的哲学为支柱，在管理者的更替中被传承下去，并在时代的潮流中被重新定义和发展。他们在努力将价值标准发展成贯穿整个组织的坚实的企业文化，也在努力维持其不被淡忘。

花王在 1935 年提出了被称作"花王社训"的"清洁人兴旺"的经营方针，1975 年制订了"花王的管理理念"，1995 年提出了"花王的基本理念"，之后在 2004 年提出了"花王之路"，这一切都是在继承和渗透企业所珍视的价值观和精神。时任花王总裁的尾崎元规表示："所谓的企业竞争，就是磨炼个性。因此，理念的渗透也是花王风格必不可少的。"[19] 正因如此，在将"花王之路"变成企业的明文规定时，尾崎元规逐字逐句地检查了措辞和语序。就像上面说的，在确定"花王之路"时，尾崎元规的脑海中浮现出自己在花王 30 年的点点滴滴，并仔细斟酌如何描述这一理念才能引起听者的共鸣。他说："作为总裁，我最大的作用就是提升企业文化，并将其更好地传承下去。"为此，他奔走于世界各地，举办讲习会，宣传花王文化。

相互关联的组织能力和价值标准

构成价值标准的三组价值观和三项组织能力相互关联。在第二章中，为了形象地介绍执行与变革力，我们介绍了花王的 TCR 运动。花王原董事长常般文克在接受关于 TCR 运动的采访时这样说道[20]："TCR 运动是一项开始于 1986 年的业务创新活动，目的是创造'让工作好上加好'的积极心态……为了维持这项开展多年的业务创新活动和成本削减运动，花王的高层管理者不断地摇旗呐喊'让我们改变公司'。而我也在不断呼吁，为了新的业务，让我们把 TCR 进行到底。"可见，为了提升执行与变革力而支持推进 TCR 运动时，高层管理者的愿景共享力起到了积极作用。

另外，常般文克表示"关键是要让人感受到团结和陪伴，让人感受到'有人在注视着自己的努力'，这种温暖是必不可少的。要建立这样一个组织，在你跌跌撞撞时有人为你出谋划策，有人为你加油鼓励。同时，在能准确找到别人能做而自己不能做的事项基础上，建立相互协助的团队意识也是很重要的。""有时候，'闲聊'非常重要，因为很多事情的本质就隐藏其中。这不是一个根据职务高低被动等待上级命令的过程，而是自己在'横向'上寻求伙伴的过程。新的价值往往诞生于此。"这也表明企业需要拥有充足的"知识创造力"来支撑"执行与变革力"，而这一切的根源是"共同体意识和尊重个人"的价值标准。

第二章介绍的组织能力和本章介绍的价值标准是相互关联的。企业通过这些组织能力和价值标准的联系和共存，使自己的持续成长成为可能。

第二部分

实现持续成长的组织建设和人才培养

正如序章所说，不管是做出战略决策还是具体执行，这些任务都是由组织及组织中的人才承担的，因此组织及人才的优劣决定了企业能否持续成长。基于这种考虑，关于持续成长型企业的特征，我们将从组织及其成员的角度去分析。在第二部分，我们将阐明为了实现企业持续成长而进行组织建设和人才培养的要点。在第四章，我们指出了阻碍企业持续成长的壁垒。在第五章，我们将结合"组织能力调查"的结果，阐述应该建立什么样的组织和人力资源管理体系，从而跨越这些障碍。

日本の持続的成長企業

阻碍企业持续成长的壁垒

企业为何无法持续成长

企业很难实现持续成长。数不胜数的企业取得了暂时的成功，之后却不断衰退；另外，也有很多具有持续成长潜力的企业，即使遭遇了诸如业绩低迷等危机，也在积极应对。

本章将针对"为什么很多优秀企业无法实现持续成长而不断衰退"这一问题，探讨导致这种情况出现的主要原因以及企业遇到的障碍。

组织的生命周期

组织的战略行动、结构和管理体系等是根据组织的成长和规模的变化而变化的。[1]组织从诞生到成长直至成熟的过程主要包括以下 4 个阶段：①创业阶段；②共同体阶段；③程序化阶段；④精细化阶段（见图 4-1）。在进入新阶段前后，企业总是会出现各种各样的问题。

首先，在第一阶段，即创业阶段，创业者需要专注于实际的业务活动，事必躬亲，谋求生存。因此，此时的组织很难实现程序化管理。其次，创业者的创造性和创新性更为重要，组织的管理基本上也只能在创业者的指导下进行。但是，随着组织规模的扩大，员工数量开始逐步增加，需要管理的资源越来越多，仅靠创业者的个人能力已经无法掌控全局，这超过了创业者个人管理能力的极限。因此，为了使组织继续成长并进入下一个阶段，企业需要聘用有能力的管理人员或调整组织结构等，展现一种与以往不同的管理风格。

在第二阶段，即共同体阶段，管理者需要谋求组织内部的统一，通过发挥强有力的领导力，明确提出组织的目标和方向，确定各阶层的管理权

大

规
模

小

惰性化 → 成熟状态
的持续

→ 小型企业
的思索、
合并等

→ 衰退

过度的官僚主
义和形式主义

对组织的
忠诚度降低

创业者
领导能力
的界限

① 创业
阶段

② 共同体
阶段

③ 程序化
阶段

④ 精细化
阶段

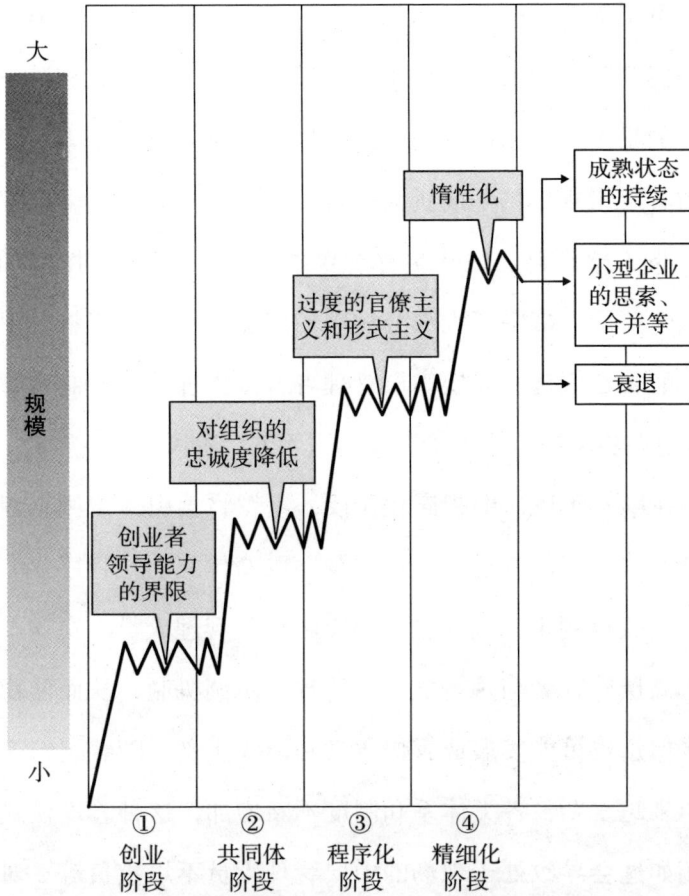

图 4-1 组织的发展阶段（生命周期）

资料来源：Robert E. Quinn and Kim Cameron，"Organaizational Life Cycles and Shifting Criteria
of Effectiveness: Some Preliminary Evidece." Management Science，1983 Vol.29，
No.1，pp. 33-51.

Larry E. Greiner，"Evolution and Revolution as Organaizaion Grow，" Harvard Business
Review，1972，Vol.50，No.4，pp33-46. 上の・はリチャード・L・ダフト、高木晴
夫訳『組織の経営学』（ダイヤモンド社、2002 年）166 ページを参考に筆者作成。

限及分工。员工需要意识到组织的使命就是自己的使命，并能为自己是组织的一员而感到骄傲。截至这一阶段所营造出的类似大家庭的氛围中，需要优先考虑的是不拘一格的沟通方式[1]以及充满管理者个人色彩的管理手段。但是随着组织规模的不断扩大，自上而下的强有力的领导权威逐步凸显，这会使员工感到自己缺乏足够的权限，从而降低其对组织的忠诚度。因此，在这个阶段，集中了大部分权限的高层管理者能否将手中的权力和责任下放，能否建立起不需要高层管理者直接指挥就能控制和管理各个部门的体制，这些将会决定企业能否成功进入下一阶段。

之后，在第三阶段，即程序化阶段，组织将会引入规则、程序、管理体系等概念。非正式的沟通交流会减少，取而代之的是程序化。高层管理者更加侧重于战略制定，现场管理则交给中层管理人员。在这个阶段，企业将建立起高层管理者与现场之间的管理、协调机制，从而使稳定的成长成为可能。但这也可能发展成官僚主义和形式主义。随着组织变得越来越大，构成越来越复杂，各类体系和制度不断增加，这种管理模式的弊端也会显现，例如这会导致处于现场的中层管理人员不堪重负等。对组织成员来说，则会出现过于关注程序，将遵守规则当成目标，从而出现"目标置换效应"[2]。此外，企业还将面临员工不敢变通和创新，只对本部门目标感兴趣而忽略了企业整体的最优选择等危机。

---

[1] 第三章提到的"闲聊"。——译者注

[2] 目标置换效应由美国管理学家约翰·卡那提出，是指目标实施者对于如何完成工作过于关切，渐渐地让方法、技巧、程序的问题占据了一个人的心思，反而忘了对整个目标的追求。换言之，"如何完成工作"逐渐代替了"工作是否完成"。——译者注

沉没成本（或者说沉没费用）是已经产生且无可挽回的费用。有人认为，既然它是不可逆转的，无论未来变成什么样子，它都不会影响未来的决策。实际上，它会对决策产生重要影响。

举个例子，假设一家企业已经在新业务中投入 100 亿日元，但是要使这项业务开始盈利，还必须追加投资 50 亿日元。于是，管理者在做决策时，就会产生"好不容易投入了 100 亿日元，这时放弃就太可惜了"的想法，进而追加投资，这就是沉没成本的束缚。英国和法国在联合开发协和式飞机的过程中，已经可以很明显地看出这个项目不会产生与大额投资相匹配的利润，但是由于之前投入了大量的资金和时间，导致产生了沉没成本的束缚，促使这一项目一直延续了下来（2003 年，协和式飞机进行了最后一次商业飞行）。不只企业会一直推进看不到希望的亏损业务，在讨论是终止还是延续一项长期的公共投资时，很多人都会出现"已经花了 × × 亿日元，所以放弃投资会是一项重大损失"等意见，这就是沉没成本束缚的一个典型例子。

那么，在之前的例子中，我们假设在前期投入 100 亿日元的基础上，追加 50 亿日元投资就可以获得 60 亿日元的收益。在这种情况下，因为无法追回合计 150 亿日元的投资，就不再追加投资，这也是一种沉没成本的束缚。

已经投资的 100 亿日元是无论如何也无法收回的沉没成本。现在进行的决策应该根据未来追加投资的金额来判断，如果从现在开始投资 50 亿日元就能赚回 60 亿日元，就应该继续追加投资。如果因为无法收回前面的 100 亿日元就不进行投资，也是一项错误的决策。事实上，很多企业都会因为沉没成本的束缚而做出错误的决策（或者说没有做出最正确的决策）。遗憾的是，现有的记录企业业绩的会计体系加强了沉没成本的束缚。因为在企业进行重组，从无利可图的业务中撤资时，在此之前进行的投资额都会被计入亏损（而且多数被记为非常损失）。类似这样从没有未来的业务中撤出之类的企业重组，本来是一件面向未来的积极举措，但在会计制度中，这会被计入大额费用损失，从而使企业受到相应的惩罚。

现状壁垒

满足现状是迈向衰退的第一步

　　商品和服务市场总是要求企业提供更好的产品，无法满足客户更高要求的企业将会被迫退出市场。过去，戴尔曾以其高效的"戴尔模式"（包括戴尔直销模式和按需生产模式等）风靡一时。但是，随着惠普、联想等企业竞争力的提高，戴尔的成长也受到了很大影响。随着人们需求的改变，以发邮件和上网浏览为主要功能的低价便携"上网本"逐渐受到人们的欢迎。最早进入这一市场的是中国台湾计算机品牌宏碁（Acer），其上网本的出货量已经超过了传统计算机的出货量（2009年7—9月数据）。但这并不代表戴尔模式出了问题，同样也不会使戴尔模式往变坏的方向发展。但因为出现了更多的新事物，原地不动就等同于退步。

　　如果一家企业获得了丰厚的利润，就会缺乏改变现状、打破现状的勇气，或是丧失改革的动力。史蒂文·莱维特（Steven Levitt）和詹姆斯·马奇（James March）将这种现象命名为"能力陷阱"（competency trap）[6]。

对企业的发展来说，对现状的适应以及惰性是禁忌。如果企业不经常进行进化，就会难以持续，"维持现状"会使企业衰退。

高利润率的束缚

如果利润率极高的优秀企业在之后的过程中无法获得成长，总有一天会衰退。造成这种情况的原因有很多，其中之一就是所谓的"高利润率的束缚"。如果企业现在处于巅峰状态（业绩很好），那么企业可能会忽略很多原本需要去做的事情。关于"高利润率的束缚"，我们可以用经济学中通常假设的边际生产力递减规律来解释（见图4-2a）。

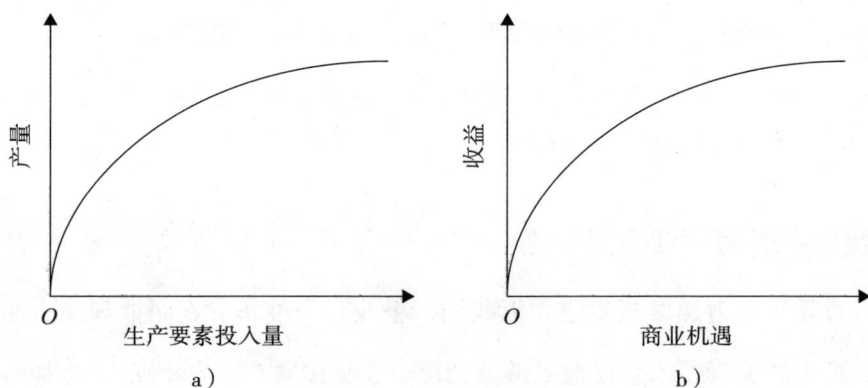

图 4-2 边际生产力递减规律①

边际生产力递减规律，是指每单位生产要素投入量带来的产量增长，在开始阶段足够大，但会逐渐变小。更严格地说，随着生产要素投入量的加大，生产要素的边际生产率会递减。例如，在拥有满足一定产能的生产设备的情况下，增加劳动者（生产要素）的数量，开始时生产量会大幅提升，但随着劳动者数量的逐渐增加，产量的增幅将会减少。

这里我们试着将横轴和纵轴分别替换为商业机遇和收益，如图 4-2b 所示。通过该图可以看出，随着企业业务的扩张，新业务产生的利润额将逐步减少，边际收益（即边际投资回报率）递减。企业应该从众多商业机遇中选择最有吸引力的业务。因为即使第一项业务获得预期的回报，下一项业务的投资回报也很可能与第一项业务不同。换句话说，如果企业从最有吸引力的业务依次进行投资，那么第二个商业机遇获得的利润率会比第一个商业机遇要低，这是自然规律。

但是，如果第一个商业机遇获得的利润率非常高，即使下一个商业机遇的利润率也很高，企业也会因为其利润率低于最初的业务而犹豫是否对其投资。这就是"高利润率的束缚"。虽然后边的业务利润率会下降，但如果企业只停留在第一项业务上，其成长机会是有限的，随着这个业务生命周期的结束，企业迟早会衰退。

满足现状阻碍企业应对变化

边际生产力递减规律也告诉我们，企业必须变革。在企业规模有所扩大，且生产要素投入量已经足够的情况下（见图 4-3 中的 A 点），追加每单位的投入所获得的产量（成果）将会变得非常少。这也就像前面所说的，如果企业只是维持现状，那么想提升收益是很困难的。

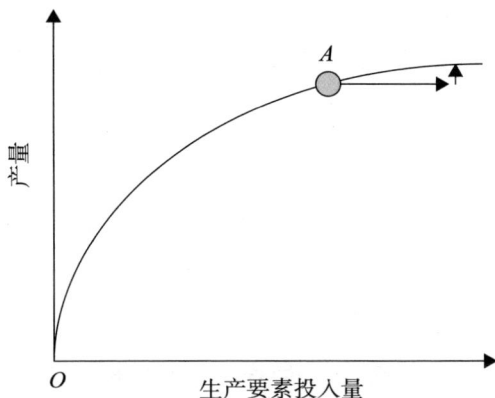

图 4-3　边际生产力递减规律②

　　企业必须在某个地方做出改变。但改变是痛苦的。这个也可以用相同形状的图来说明。图 4-4a 的横轴表示某个产品的消费量，纵轴表示消费者从该产品上得到的满足感（产生的效用），该图也被称为"效用函数"。通过该图可以看出，消费某个产品的满足感会随着消费量的增长而递减，该现象被称为"边际效用递减规律"[①]。

　　把横轴的消费量替换为其他事项也是成立的。如图 4-4b 所示，我们可以把消费量替换为现金。假设一个不太富有的人（B 点）获得 10 000 日元，他会感到非常开心；而对一个亿万富翁（A 点）来说，即使得到 10 000 日元，他也不会感到多么高兴。如果我们能这样想，就不难理解这个规律了。

[①] 边际效用递减规律，是指假定消费者对其他商品的消费数量保持不变，则消费者从该商品连续增加的每一消费单位中所得到的效用增量是递减的。效用是指消费者从消费某种物品中所获得的满足程度。随着连续消费同一种物品的数量增加，人的满足感就会下降。这个规律对我们理解消费者的消费行为非常重要。——译者注

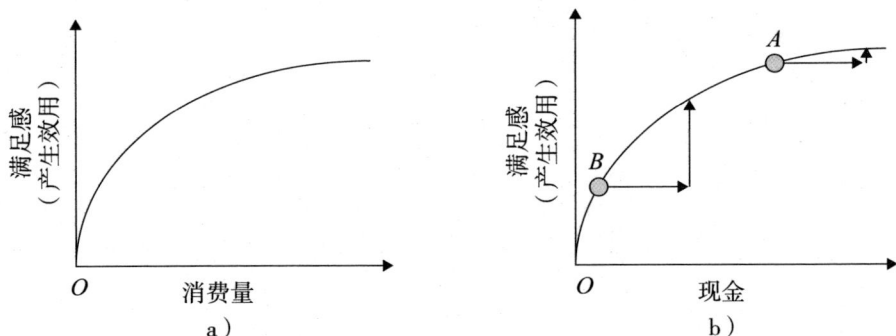

图 4-4　边际效用递减规律

　　按照上述方式，我们对企业进行分析。假设横轴是企业的收益，纵轴是企业或员工的满意度。如果企业管理层和员工认为企业当前的状态十分令人满意，即处于图 4-5 的 A 点位置，那么即使企业做出积极的改变，管理层和员工的满足感也不会增加太多，就像亿万富翁得到 10 000 日元一样。但反过来，如果企业的改变并不成功，管理层和员工的满足感则会大幅降低。在图 4-5 中，从 A 点位置往左、右两个方向的变化量是相同的，但相同的变化量带来的满足感不同，满足感下降的幅度要远远大于满足感上升的

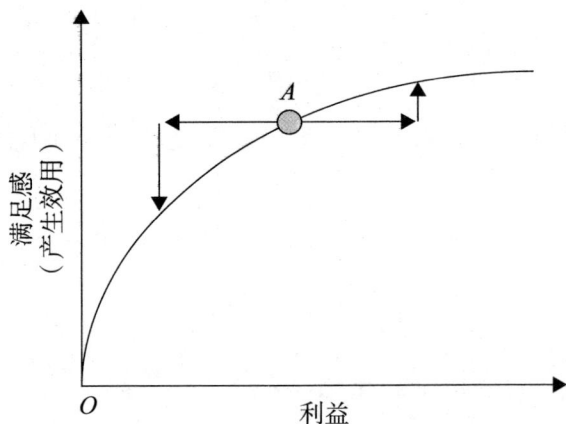

图 4-5　高业绩企业的效用

幅度。因此，业绩良好的企业很可能会依此做出最好保持现状的决定。在第二章，我们曾介绍了良品计划的例子，该公司在创造了"无印良品成长神话"的同时，却没有促使业绩的提升，反而导致业绩下滑。而导致业绩下滑的原因之一就是企业安于现状，没有意识到变化的必要性。

缺乏危机感

最近，行为经济学引起了越来越多的人的关注。它提倡人们在判断事物时最好有一个心理参考点[7]。如图 4-6 所示，当实际情况位于心理参考点（Reference Point）右边时，人们会觉得获得了收益，从而提高了满足感，但正如前文所说的那样，这个满足感会逐步递减。

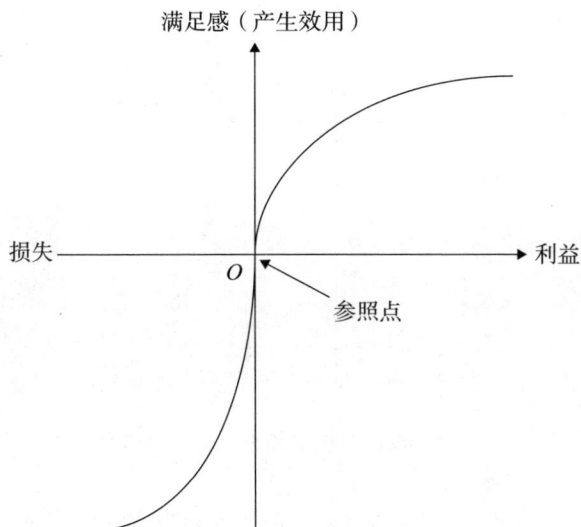

图 4-6　行为经济学中的效用函数

如果实际情况在参考点左侧，人们就会感到遭受了损失，满足感也会下降。从图 4-6 中可以看出，左侧曲线在参考点处反转并逐渐变陡。这意味着，对于相同数量的损失和收益，由损失引起的心理伤害（满足感降低）大于由收益带来的满足感提升。

上文中提到，业绩良好的企业往往希望能够保持现状，并决定不做任何改变。现在，让我们假设一家公司当前业绩较差，即处于图 4-7 中 C 点的位置。这意味着，处于 C 点位置的企业，会认为自己正处于亏损状态，当目前状态发生变化时，向好的方向变化带来的满意度提升程度会大于向差的方向变化导致的满意度降低的程度。

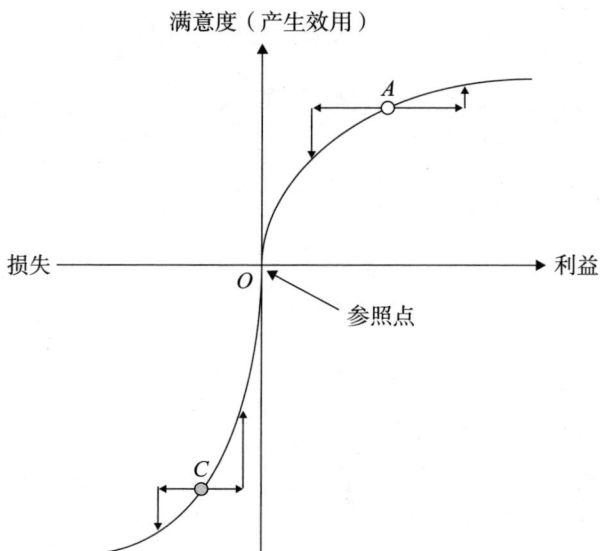

图 4-7　存在危机感的企业的效用函数

也就是说，处在 C 点位置进行变革是很有好处的，管理层和员工积极求变的意愿会更强烈。这里很重要的一点是，C 点位置是企业的心理位置，并不是企业真的处于亏损状态，而是与参考点这一心理基准位置相比处于相对亏损的位置。即使企业刷新了自创立以来的最高收益纪录，但企业的管理层和员工们认为自己"还差得远"的话，那么该企业同样处于 C 点位置。相反，即使企业的业绩并不怎么好，但管理层和员工们很满足，认为"这就可以了"的话，企业所处的位置就会是 A 点。

这表明，没有危机感的组织很难或者无法应对变化。而任何时候都不满足于现状，时刻保持危机感的组织，则更容易采取行动应对变化。丰田汽车推出的"改善"行动就是企业具有危机感的范例。另外，能够实现持续成长的花王公司被高层自称为"不满足于现状的企业"[8]，这表明良好的危机感能够促使企业积极行动，应对变化。

如果企业没有危机感且到了必须做出改变的时候，依然没有意识到变化的必要性，即使是业绩优良的企业，也会怠于对变化进行响应，并最终走向衰落。

组织结构壁垒

组织的制度化和结构化的弊端

在本章"组织的生命周期"一节中提到，企业为了使规模逐步扩大的组织能够统一集中起来，就需要通用的规则和程序，通常还需要正式的标准。在一个大型组织中，每个人都必须基于这些规则做出判断并采取相应的行动。另外，随着组织规模的扩大，组织内既需要水平分工，也需要垂直分工，还需要推动层级化、专业化等组织结构化事项。正如被称为"现代管理学先驱"的赫伯特·西蒙（Herbert Simon）所说的那样，人类的理性是有界限的，因此，我们需要用结构来提升组织的有效性和效率性。正是这样，随着规模的扩大，组织才能从最初的不稳定结构逐步发展成一个由多个专业化部门组成的稳定结构。

但是这种稳定的组织结构和制度，有时会起到阻碍组织学习的反作用。[9]例如，组织的规则和管理制度往往会遏制个人的自由发挥。即使在个人层面上已经认识到了环境的变化，并且意识到组织当前的行动已经不适应此时的环境，但因为各种业务标准和处罚条款的存在，个人在实际行动时就会犹豫要不要做出改变。而且这会导致每个人将遵守公认的规章制度放在首位，而不会选择带有风险的行为（也就是前文提及的"目标置换效应"）。

组织的层级化也会使组织的学习一直处于较低层次。因为当组织产生层级之后，即使在某个局部出现了适应环境的行动，也无法扩展到整个组织。如果重大且非延续性的政策变化需要跨部门才能做出决策，即使某个人或某个部门进行了学习并付诸了行动，其行为也无法影响到整个组织。同样地，当整个组织面对必须由多个部门进行解读的信息时，如果组织内部存在沟通壁垒，就无法进行跨部门的组织学习，也就不可能发生根本性的变革。[10]

克里斯·阿吉里斯（Chris Argyris）将在既定框架下（既定目标和约束条件等）仅通过改变行动手段修正错误的组织学习方式称为"单循环学习"，而将对组织现有框架包括价值观、目标等进行修正的学习方式称为"双循环学习"。组织的制度化和结构化使得组织的各项程序被锁定，只能在固定化的框架内工作，从而导致"双循环学习"受阻，最终导致组织的僵化。

另外，组织的结构化有时会降低决策速度。当组织在做决策时，许多信息需要跨组织部门进行传递。但是组织各层级之间的纵向联系以及各部门之间的横向联系很差，或者信息无法准确地传达给应该接收该信息的人员[11]，组织做出决策时，就会多花费很多时间。

仅凭制度无法实现变革

当企业实现变革时，通常会引入新的管理结构、制度等，并修改现有的制度。与对组织进行真正的"变革"相比，引入和修正新制度的成效是显而易见的。因此，组织在进行变革时，很容易将制度的导入变成目标本身，认为只要重新整理组织制度就是完成了变革。实际上，导入新制度并不会提高企业的组织能力，也不会带来业绩的提升。

这里，我们思考并讨论一下企业治理（Corporate Governance）问题，企业治理也是企业规范机制的一种。在日本，经济泡沫破灭后，以金融机构和企业交叉持股为主要特征的企业监管体系出现了严重问题。随着交叉持股问题的解决，以外资股东为代表的关于"恢复股东权力"的呼声开始高涨，日本国内关于企业治理的讨论开始活跃起来。①

在 2000 年时，神户大学的加护野教授就提出"经济泡沫的破灭，使得人们普遍认识到了日本企业在企业治理过程中存在各种各样的问题"[12]。2002 年以后这场讨论变得更加热烈，村上基金、活力门、Steel Partners 对冲基金、Ichigo Asset Management 资产管理公司等投资家的恶意收购案、代

---

① 经济泡沫破灭后，外国投资者开始大举进入日本股市，传统的企业交叉持股弱化，股权呈现分散化趋势。由此引发的"恢复股东权力"呼声日益高涨，股东们开始行使长期以来被主银行"掠夺"了的权力，对经营者进行监督。其中，部分有实力的国内外机构投资者甚至开始要求日本公司改善治理结构。——译者注

理权斗争（股东提案、授权书争夺战）事件等，也使得社会对这些问题的认知度进一步提升 [13]，如图 4-8 所示。

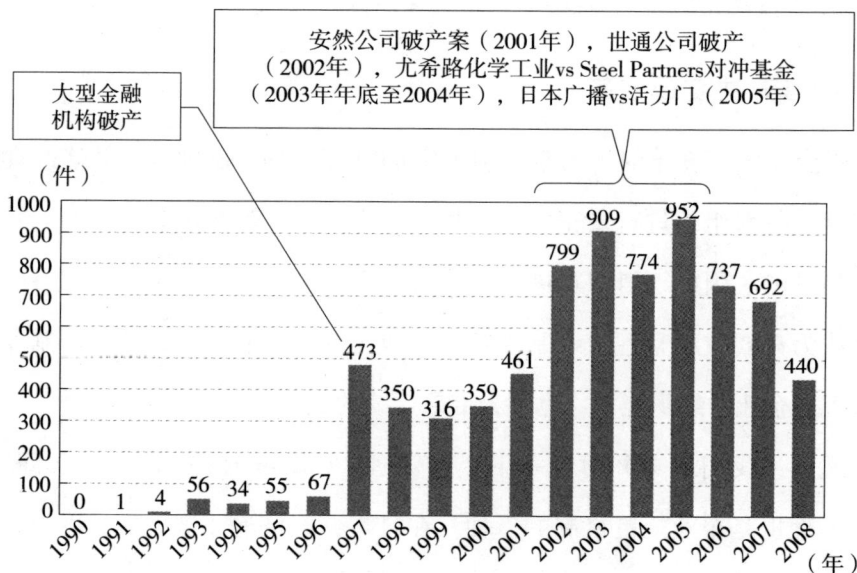

图 4-8　关于企业治理的年度报道数量

注：灵活利用新闻报道检索系统、日经电信 21 等，按年份统计日经四报（《日本经济新闻》《日经产业新闻》《日经金融新闻》《日经流通新闻》）上刊登的关于"企业治理"的报道数。

作为企业治理体系变化的重要一环，从法律层面上，2003 年 4 月正式实施的日本《商法》（修正案）中将企业的执行和监督分离，并允许企业选择委员会设置型治理结构，将公司外独立董事的监督权限大幅转让给相关委员会。准确地说，在 2006 年 5 月新《公司法》正式实施时，此类企业被称为委员会设置型企业，在此之前被称为委员会等设置企业 ①。与传统的设

---

① 根据日本《商法》，大公司或被视为大公司的企业，如果满足一定的条件，可以选择监事设置型、重要财产委员会设置型和委员会设置型等治理结构，而小公司则只能选择监事设置型结构。其中，监事设置型是指沿袭原来的治理结构；重要财产委员会设置型是指把董事会专项决策权转让给重要财产委员会，同时保留监事制度。——译者注

有监事会的企业不同，委员会设置型企业设置了专门的业务执行机构——执行董事，同时组成了公司外独立董事占半数以上的提名委员会、薪酬委员会和审计委员会 3 个专门委员会，通过这种治理结构，明确地将监督和执行进行了分离。

但是，引入这些制度和机制并没有完全解决问题。委员会设置型企业的数量在 2003 年为 44 家，2006 年上升为 69 家，但到 2009 年，仍然保持在 68 家 [14]。此外，还有一部分委员会设置型企业放弃了这种治理结构，重新变回了监事设置型企业结构，例如在意大利、墨西哥、亚洲等地均拥有料理店的国际餐厅等。如果委员会设置型企业真的能提高组织能力、提升业绩，那么应该会有更多的企业选择转型采取这一治理结构。通过这个事例可以看出，导入新的制度并不会给企业带来根本性变化。

正因如此，近年来关于企业治理结构的讨论热潮似乎有所平息，相关报道数量明显减少了。

规则陷阱

一旦建立起来的制度成了金科玉律，被认为是必须无条件服从的规则，对企业来说就相当危险了。长期执行的规则可能最终会偏离其设置时的本意。同时，一旦形成了惯性，规则本身也可能变成目标。曾经有这样一个热门话题，在一个没有风的室内滑雪场设置升降索道时，如果没有设置风速计，日本运输省（现在的国土交通省）就不会给滑雪场颁发营业许可证。这个例子说明，在一个官僚化的组织中，规则的目标化、绝对化是多么的愚蠢。

　　同时，我们还需要注意设置规则的方法。特别是薪酬制度的设计，如果不注意方法，很可能带来与目标完全背离的结果。社会心理学家爱德华·德西（Edward Deci）根据实验结果认为，金钱可以降低一个人的内在动机。[15] ① 一个人本来是因为自身感兴趣才去从事某项工作，如果因此获得了报酬，他会觉着这项工作不是自己自由选择的，而是别人让自己去干的，因此他工作的动力和满足感都会降低。

　　下面是一个不良薪酬制度的例子。

　　肯·奥布赖恩（Ken O'Brien）是 20 世纪 80 年代到 90 年代活跃在美式橄榄球职业赛事纽约喷气机队（New York Jets）的四分卫（Quarterback）。在美式橄榄球中，四分卫是临场指挥的领袖，大部分进攻将由他发动，他可以根据现场情况选择传球或是自己持球冲锋。然而，奥布赖恩年轻时，他的传球经常被对方断走（被拦截）。于是，球队在和他的合同中增加了如果传球失败就扣除相应报酬的条款。

　　这个合同条款增加后，奥布赖恩传球被断的次数确实减少了。但是，传球失误减少的原因是，他因为害怕传球失败而减少了传球，即使在一些应该传球的情况下，他也会犹豫是否做出传球的选择。[16] 像这样，基于扣除主义的评价薪酬体系，阻碍了一些本该尝试的挑战。

严格定义岗位职责的弊端

　　最后，以规则为准绳，对岗位职责进行严格的定义，并根据履职结果

---

① 德西在实验中发现：在某些情况下，人们在外在报酬和内在报酬兼得时，不但不会增强工作动机，反而会减弱工作动机。此时，动机强度会变成两者之差。人们把这种规律称为德西效应。——译者注

进行评价的机制也不能很好地发挥作用，让我们用一个熟悉的例子来说明一下。我的一位同事，他的孩子正在上小学，他认为让孩子轻易地获得零花钱不是一件好事。但是，孩子的小伙伴们都有零花钱，所以必须满足孩子对零花钱的需求。因此，为了既能使孩子获得零花钱，又能培养孩子的勤劳意识，让孩子明白没有不劳而获的事情，我的同事决定让孩子做家务，并根据劳动量给予一定的零花钱。这位同事还制作了劳务清单及对应的费用表，月底统一结算。在这个清单里，洗一次碗可以获得 50 日元，叠衣服也是 50 日元，倒垃圾是 20 日元。

在一段时间内，这个制度确实起到了一定的作用。我的同事认为，将零花钱作为对孩子帮忙的奖励而不是一种馈赠的礼物，能够使孩子认识到工作的重要性。

但是，后来这个制度开始出现问题，对于劳务清单外的事情，孩子完全不再做了。例如，突然变天时，想让孩子帮忙收下衣服；没有调味料了，想让他去买一点，这时孩子都会显露出不情愿的表情，并明确表示拒绝。因为不在清单上的事情不会获得零花钱，这种事连孩子都明白。

这是一个大家很容易理解的关于错误制度的例子。过于严格地规定应该做的事情，并依此做出评价，确定薪酬，就会导致没人去做规定外的事情。对岗位职责定义得越清晰，那么不需要做的事情也就越清晰。严格的规则会阻碍自发的行动。如果人们认为做某项事情不会带来回报，那么他们就不会对此采取行动。

第五章

日本の持続的成長企業

组织和人力资源管理的关键

·
·
·

催生"变化"的管理

第四章介绍了阻碍优秀企业持续成长的三个壁垒。企业为了打破这些壁垒，既不能沉迷于过去的成功经验，也不能只是探讨组织机制的问题，必须进行自我革新。为此，我们必须让组织产生充满生机的变化，奖励推动产生这种变化的人员并建立客观的变化评价机制等。本章将结合理论和实际案例，提出如何进行组织建设和人才培养才能实现持续成长。

野中郁次郎教授认为，企业本身就是一个"活跃的存在"，处于不断变化的过程中。[1]正如序章中提到的，企业在不断变化的时间长河中，不断重复着依据"此时、此地"进行决策判断，同时创造价值的动态过程。创造这个管理流程的是人，以及能够体现出人与人之间关系性的集合体——组织。因此如何进行组织和人力资源管理，使得他们能够创造"变化"，这比任何事情都重要。

"组织能力调查"显示的组织和人力资源管理

通过"组织能力调查"，我们也获得了企业与人力资源管理相关的聘用、培养、评价、晋升或晋级、安置或调任等，以及与组织管理相关的组织结构、场、理念渗透等情况。并且，我们从其中与"组织和人力资源管理"相关的事项中选出了与提升企业业绩的组织能力密切相关（相关系数0.5 或以上）的项目。

在此基础上，我们分别对各项对比结果进行了定性分析，发现与提升企业业绩的组织能力密切相关的组织和人力资源管理存在以下 5 个关键特征，汇总起来可以用表 5-1 表示。

组织和人力资源管理的关键如下：

- 灵活的组织结构和人员配置；

- 场的建立；

- 过程评价；

- 着眼未来进行人才招聘及培养；

- 发挥制度的意义并对其不断完善。

表 5-1　与提高整体组织能力密切相关的组织和人力资源管理的关键因素

事项 （组织和人力资源管理）	组织和人力资源管理的关键				
	灵活的组织结构和人员配置	场的建立	过程评价	着眼未来进行人才招聘及培养	发挥制度的意义并对其不断完善
根据外部环境的变化和业务战略方向的转移，及时进行组织的重组	○	○			○
根据外部环境的变化和业务战略方向的转移，战略性地进行人员安置或调任	○				○
各层级的权力都能下放	○			○	
在人员安置或调任时，充分考虑个人价值观及工作风格的多样性	○				
有跨职务、跨部门进行讨论的场所（会议、网络等）		○			
有明确的确定待遇的程序，且能公正、彻底地执行			○		

（续）

事项 （组织和人力资源管理）	组织和人力资源管理的关键				
	灵活的组织结构和人员配置	场的建立	过程评价	着眼未来进行人才招聘及培养	发挥制度的意义并对其不断完善
不仅有评价成果的机制，还构建了能够正确评价工作过程的机制			○		
构建了能对新的提案和大胆创新进行评价的机制			○		
能够用通俗易懂的语言阐述企业理念					○
构建了能够反映企业理念的人力资源管理制度					○
明确了录用人才的要求				○	○
在人才招聘过程中，投入了充足的管理资源				○	
不论经营环境如何变化，都坚持对人才培养的投资				○	
系统培养下一代管理者				○	

也就是说，组织本身具有内在的机动性（灵活的组织结构和人员配置），有催生变化的场（场的建立），能够对变化进行客观评价（过程评价），有能够灵活自如地推动组织变化的人才（着眼未来进行人才招聘及培养），组织结构随着变化不断优化完善（发挥制度的意义并对其不断完善），是企业实现持续成长的必要条件。

灵活的组织结构和人员配置

使组织变得灵活

外部环境的变化是不连续、不确定且形式各异的。为了能够灵活应对外部环境的变化，一个有效的措施就是使组织具备内在的应变能力和多样性，从而保持组织的动态变化。

谷歌就是一个典型的例子。谷歌没有固定的组织结构图，而是使组织始终保持一种流动性，不断为组织带来变化。同时，谷歌通过对各种人才的配置和回流避免组织的僵化，同时避免组织内出现安于现状的想法。由此看来，提高组织的灵活性和运转效率是非常有必要的。

一方面，20 世纪 60 年代，伯恩斯（Burns）和斯托克（Stoker）对苏格兰的几家工程公司进行了研究，并提出了"外部环境的稳定与否会导致不同的组织结构"这一主张[2]。如果外部环境稳定，企业会产生"机械式组织结构"，这一结构以官僚主义为主要特征，重视规则、程序，有着明确的责任。换句话说，就是这种结构存在权限的阶层化，决策主要依赖高层管理者，意见主要通过垂直方式进行传达。

另一方面，在一个瞬息万变、充满不确定性的环境下，企业会产生"有机式组织结构"。这种组织没有既定的规则和程序，即使有，在实际的工作过程中也会经常被忽视，相比而言，实时的调整更容易受到重视。另外，组织内各阶层的责任（权限）分工并不是很明确，组织成员能够自由地活动，并提出有效的意见。同时，权限被分化，更多的权力被交给了现场。

"机械式组织结构"更加重视公式化的规章制度，并且建立了强调"垂直"关系的组织体制，分工拥有明显的阶层化和部门化特征，正因如此，这种结构适合高效、可靠地"执行"例行业务。与此相对应，"有机式组织结构"是一种"水平"关系体制，几乎没有规则，阶层壁垒并不明显，更强调权力的转移，因此更适合推行变革的企业，允许不断试错、改革和自下而上的提案等。

为了使组织能够摆脱"大企业病"，应对环境变化，企业在组织体系和人才配置方面可以采用很多手段，例如废除部课制 [①]，推动组织扁平化，引入特别调查委员会和矩阵组织结构，进行跨部门人员轮换等。但是，在某些情况下，官僚式的组织结构也可以有效地应对危机。例如，本田原社长川本信彦在任期间，为了应对危机而废除了waigaya [②]，进一步强化了自上而下的垂直式组织结构。

在本书第一部分，我们提到了能够提升企业业绩的组织能力中有一项是"执行与变革力"，为了推动"执行力"和"变革力"，重要的不是采用"机械式组织结构"还是"有机式组织结构"，而是能够随机应变、灵活地运用它们。

---

① 部、课是日资企业中常设的组织架构，按照级别从高到低可以分为本部、部、课、系，本部通常管理一个区域或几个部，部下面可以设几个科室称为课，相当于中国一些企业的科室级别，有的企业还会在课下面设系，系是一般企业里最小的业务单位。——译者注

② 即畅所欲言式会议，允许员工对高层领导的任何政策、步骤或决策提出质疑和挑战。waigaya 起源于日本的本田汽车公司，与 1973 年成立的 NH Circle activities 一道，是本田基于信任和平等基础上培养独立性和支持性工作环境的一种方法。——译者注

促使员工敢于求变

正如第一部分介绍的那样，夏普公司自早川德次创立公司以来就遵循着"永远追求世界首创"的经营理念，并且建立了能够向世界提供"独一无二的产品"的动态组织结构。[3]

在三年内，夏普有将近 1/3 的人员经历过跨区域的人事调动。随着经营状况的变化，某些岗位会产生人员的过剩或不足，为了应对这一状况，夏普实施了跨业务甚至是跨工种的人员调动。从"台式计算机的夏普"到"液晶的夏普"，夏普一直呈现一种锐意革新的姿态。实际上，自创立以来，夏普没有进行过裁员。它们通过人员的调动和轮换灵活地调整业务结构和组织架构，从而应对环境的变化和经营方向的转变。

另外，夏普公司的大多数员工都拥有在各种场合工作过的经验，能够更加容易地接受跨部门调动过来的人员。在夏普内部，大家都秉持集体至上的观点，因此也就没有小团体生存的空间。

结果表明，在其他企业很难行得通的跨部门项目，在夏普却能有效地推进实施。1977 年，夏普成立了"紧急开发项目团队"（通常简称"紧急小组"），并始终维持着 10 个小组的规模。该项目方法一直是使液晶计算器商业化并创造如液晶 viewcam[①]、Zaurus[②] 等畅销产品的原动力。为了创造出新知识，企业需要各种各样的人才。正是拥有了灵活的组织结构，组织之间不再存在壁垒，夏普才能实现跨组织的知识融合，并孕育出新业务的萌芽。

---

① 夏普推出的一款畅销的家用摄像机。——译者注

② 夏普于 20 世纪 90 年代推出的一款 PDA，也就是个人掌上计算机。——译者注

转型为风险型组织

卫材株式会社（以下简称"卫材"）于 2007—2008 年收购了美国的 12 家生物制药公司，并于 2009 年 3 月宣布了一项重大的组织变更。据称，卫材将安排 11 000 余名日本员工，从 600 名美国子公司员工那里学习新的工作方法。[4] 而拥有约 2000 名员工的研究开发部门则将被重组为"癌症治疗""神经系统治疗"等 13 个部门。各个部门都被赋予了从候选新药的研发到获批上市全流程的权力和责任。可以说，此举将正在演变成大型组织的研究开发部门拆分成一个个小的风险组织。

与大型组织相比，小型组织应对环境变化的效率更高。从组织内部的交流层面考虑，毫无疑问，小型组织在沟通速度和控制质量方面更为有利。但是，随着企业的发展，组织规模必然会不断壮大，也就无法再享受小型组织带来的便利。

时任卫材株式会社社长的内藤晴夫说："我们如何才能创造一个自主的环境，使优秀的研究开发人员能够最大限度地发挥自身的能力呢？答案就是从收购的风险企业的工作推进方法中学习，使自身变成最适合当前环境的组织。"卫材此举旨在激活正在僵化的组织，使其变成一个创新的团队。采取这一举措的大背景是面对日益激烈的全球新药开发竞争，企业必须加快应对速度。为了创建一个能够及时应对环境变化的组织，卫材采取了创建风险型组织的模式。

当然，如果转型成很多小型的自律性组织，每个组织独立行动可能会丧失作为组织的一体感。但是，正如前文提到的，卫材具有强大的社会使命感，创建了共享愿景和付诸实践的场所，就像硬币拥有正、反两面一样，卫材形式上是"扩散""分化"，内在却包含"凝聚力""融合"的解决对策。

建立灵活的组织

2008 年 9 月，受金融风暴的影响，本田在全球范围内的业绩开始下滑，为此，本田组织了"应急工作小组"。本田的组织架构是一个独特的矩阵型组织，以北美、欧洲、日本等区域为横轴，四轮汽车、二轮摩托车等产品的生产职能为纵轴，不管横轴还是纵轴，每个方面都有相应的负责人。通常情况下，地区负责人被赋予了很大的权限。而在紧急情况下，职能负责人会被赋予更大的权力，以便灵活地跨区域做出决策。1994 年之后，为了应对业绩不断下滑的态势，本田引入了这一矩阵型组织架构。对于重大的管理问题，这一组织体系可以通过立即组建应急工作小组的方式实现跨区域的应对。

此外，本田还拥有一种被称作"有弹性的"（Flexible）的灵活的生产模式，在一条生产线上可以生产多种不同的车型。如果某工厂生产的车型销售形势低迷，可以在 6 个月内转型生产其他工厂的畅销车型。负责生产的常务董事兼应急工作小组成员的滨田照雄先生说："这种灵活的生产模式在危机中展现了其真正的价值。"[5] 另外，这种"灵活"不仅是克服危机的手段，在探索实现持续聘用员工的生产模式方面也发挥了巨大作用。

本田自创立以来，已经成功闯过了多次危机，但仍会根据时代形势和内外部的环境变化完善组织体系，以便维持灵活且机动的组织形式。

花王也采用了由职能部门和业务部门共同组成的矩阵式组织结构，并且各个组织会根据实际情况灵活地应对，协作推进业务。人力资源开发部负责人兼执行董事青木宁先生说："我们将这种组织结构称为'生物机能式组织管理'，组织是标准化的，但通过横轴和纵轴构建的网络却不是一成不变的。应该说这也算得上是一个灵活的系统。即便是一个仅价值几百日元的商品，如洗发水、洗洁精、饮料等，也都蕴藏着所有人的力量。因此，花王不会出现管理企划部门怎么样、生产部门怎么样的声音。为了生产出优质的产品，企业部门之间就不能存在壁垒。"[6]

形式化的组织结构以及跨组织的不拘泥于形式的变化交织在一起，能动态且高效地推进业务，有时会催生创新的出现。

灵活运用多样性

詹姆斯·索罗维基（James Surowiecki）在其《群体的智慧》一书中用各种各样的示例表明，集合了各类人群意见的"群体的智慧"，非常有利于提出最佳的解决方案。例如，1986 年美国发生了一起悲剧性事件，"挑战者号"航天飞机在发射 74 秒后爆炸失事。6 个月后，总统调查委员会通过调查后揭露了这起灾难的原因。但在事故发生的当日和次日，公开的声明和新闻报道中都没有提及事故的原因。尽管如此，事故发生当天，为"挑战者号"提供固体燃料推进器的莫顿－瑟奥科尔公司的股价在交易终止前应声下跌。

实际上，与"挑战者号"航天飞机发射有关的公司主要有 4 家。4 家公司的股价在第一时间都出现了下跌的情形。但是，除了莫顿－瑟奥科尔公司，其他 3 家公司的股价在当天内又有所回升，而并没有证据证明当天的股票交易存在内部交易之类的违规交易行为。这表明，尽管事故原因还没有明确，股票市场的各类参与者都正确地判断出了"挑战者号"爆炸的真正原因。[7]

另外，密歇根大学的斯科特·佩奇（Scott Page）教授也提出了同样的主张，他在自己的书中写道，实验结果表明，相比全是优秀决策者组成的团队，一个优秀的决策者和不怎么优秀的决策者混搭的团队，所做的决策往往能得到更好的结果。[8]

条件适应理论（环境适应论）也主张，为了更好地应对环境的多样性（信息负荷），组织内部也必须保持与环境多样性相匹配的多样性（信息处理能力）。[9]因此，企业有必要在组织内适当地配置各种人才，并定期进行轮岗。

除了保持多样性，企业还要灵活利用这种多样性。在一家综合贸易公司内，每个部门都有独立培养人才的传统，新毕业的学生入职后，很少能有机会从最先分配的部门调动到另一个部门。但是，三井物产株式会社（以下简称"三井物产"）敢于改变这种传统，会对新员工进行跨部门的轮换。自2008年5月起，三井物产一直在推进一项被称为"人力资源组合战略"的项目，突破各个部门的壁垒，对人力资源进行重新配置。[10]

三井物产的人事总务部长杂贺大介先生对推进这一项目的背景进行了说明："我们看到了人员同质化的局限性。"为了培养能够应对未来未知环境的人才，三井物产认为有必要让员工经历不同的岗位，丰富自身的经验，并决定保持人员在部门间的流转，以使他们与不同部门的人建立联系。

大部分经历过轮岗的员工，在30~40岁时都已经晋升为"课长助理"，成为各部门中的核心人员。这样做的结果就是，最开始时，新调入的人员和新的工作场所之间产生了矛盾和冲突。经营企划部长田中聪说："我们的目的是让双方互相给予刺激和启发，让他们有新的发现。"

爱发科公司还提出了全员参与型的管理理念，包括举行参与人数多、持续时间长的会议等措施。公司董事长中村久三认为，在企业中真正起到支柱作用的是 30 岁左右、在 A~E 五级评定中被评价为 C 和 D 的员工。[11]他解释道："这些人不会发出很大的声音，但他们的确是支撑企业最重要的核心人员。所以在管理中很重要的一点就是促使他们的健康成长。"正如第一部分介绍的那样，爱发科公司尝试在保持企业作为一个共同体的"温情"氛围中，充分地发挥多样化人才的作用。

激发组织的创造性

为什么具备多样性的企业可以有效地应对环境的变化？企业中的人才要想碰撞出创新的火花，就需要以不同于现有的思维方式去解决问题。[12]我们掌握了各种各样的信息，倘若我们掌握的这些信息具有丰富、多重的含义，通过不同类型人们的互动，这些信息就会被赋予不同于现有解释的含义，由此就会产生创新。为此，我们需要能够给予同一信息不同解释的多样化的人才。

但是，多样性也是产生冲突的一个主要原因。如果处理不当，这种冲突就会对组织造成伤害。如果能够建设性地灵活利用这些冲突，就会激发组织的活力。罗宾斯认为，过于和谐、平稳、协作的集体往往会停滞不前，容易对变化和改革的必要性反应淡漠和迟钝。因此，团队的领导者为了使团队变得充满活力，就必须维持最小限度的冲突，使自身具备自我批判的精神和创造力。[13]

　　在重要的决策过程中，如果存在意见的对立，所有意见特别是对立的意见和少数派的意见将会被重新进行权衡和讨论，这会提升决策的质量。冲突会导致协议的过程变得困难，也会导致思虑不周的想法无法通过决议。企业存在的不同观点会产生新的想法。对立的意见会产生竞争，通过竞争，更优的想法会被付诸实践。

　　如前所述，要创造能够使企业持续成长的组织，培养能够推动企业持续成长的人才，灵活的组织结构和人员配置是关键。为了应对环境变化，实现持续成长，企业积极创建灵活的组织体系，做到人尽其用，充分发挥人才多样性的作用至关重要。另外，从获得更多选择权的角度来说，重视多样性与第二章所提到的实物期权理论是一致的。

场的建立

何谓"场"

　　"场"（Ba）是野中郁次郎教授在知识创造理论中提出的概念[14]，是一种名义上的空间，可以供组织成员有效地共享背景知识，为个人提供与他人全面接触、对话的机会，从而实现自我超越（shared context in motion）。

　　在知识创造理论中，组织的知识创造体系是通过隐性知识和显性知识的相互转换，即SECI模型[15]实现的。在这个过程中，"场"发挥了重要作用，正如野中郁次郎教授提到的，"在知识创造的过程中，场是重要的一部分，它能够创造动态的关联性，同时发挥重要的连接作用。"

在"场"里，人们并不是以己度人，从自身角度去推断和理解对方的情感，而是换位思考，完全站在对方的角度思考，从而产生共鸣，致力于现场，彼此从主观上创造共同的信念。在不断变化的现实环境中，从"此时、此地"的背景知识中，我们可以发现隐藏在建立了密切关系的组织成员中的隐性知识。而通过成员之间的对话，这些隐性知识将转化成更为丰富的显性知识。此外，通过在"场"中的实践，组织内共享的显性知识将深入每位成员的心中。

场将组织成员、团体、组织密切联系起来。个人的主观想法和价值观只有与场的目标产生共鸣，才会变得有意义。另外，通过"场"所构筑的多层次联系，组织的使命和战略方向才会变得名正言顺。

管理的作用就是探索如何在组织内及时建立起这样的场，发挥其对组织的连接和支撑作用。

正式和非正式的语境共享

组织可以通过全方位的活跃交流建立起丰富的关联，并在这些关系中共享语境，交换并创造智慧。花王是一家擅长进行数据分析的企业，它们以善于利用 IT 技术进行市场调查、POS 数据 ① 分析等而著称。实际上，花王组织内部建立了能够深层次共享数据的背景和意义，直接进行促膝长谈的场，并且具备创建这种场的机制。

---

① POS 是英文 Point of Sales 的缩写，POS 数据是指终端销售数据。——译者注

1970 年，时任花王董事长兼首席执行官的丸田芳郎将各研究室之间的隔板全部拆掉，开始推行"大房间"模式，这个模式在全公司内延续了下来，高层管理者也不例外。虽然每个研究室都有不同的研究方向，但公司成员们并不会按照所属的研究室聚集在一起，而是按照开发项目聚集，并实现知识的融合。此外，管理层也没有带门的单间，尽管他们的办公场所与员工办公区是隔断的，但依然属于一个开放的空间，可以随时召开小型会议。

这种做法消除了生理和心理上的隔阂，能够有效地推动跨领域的开放式交流，也有助于创造新的知识。这种超越了组织内上下级关系和部门界限，能够进行头脑风暴和直接沟通的场，可以大大提升组织的知识创造能力。

此外，花王还会举办现场研发人员会议，不管是高层管理者还是仅仅在公司工作了几年的年轻员工都可以参加。这个会议不仅是一个通过与高层直接对话激励年轻人成长的场，也是高层管理者传递语境——"讲故事"的场。另外，如果正式会议有议题没有讨论透彻，公司鼓励员工将其带到之后的酒会等聚会上进行讨论，而公司可以为这次聚会拨付经费。换句话说，公司鼓励举办类似的非正式但认真的"闲聊"。

正如第三章所介绍的那样，花王原董事长常般文克说："工作中就不用说了，在吃午饭或上洗手间时我也会找人说说话，并且我也会主动找相关负责人聊天。'闲聊'非常重要，我们往往会通过这种闲聊发现事情的本质。我们不能被动地等着上级安排任务，而是应该主动地通过横向的交流建立与同事之间的伙伴关系。新的价值往往就诞生于此。"[16] 在花王，自发地进行这种对话的场景相当多。

追求本质

本田前社长福井先生非常重视被称为"waigaya"的企业文化，这种文化强调的是不管职务级别高低、年龄大小，每个人都能畅所欲言，表达自己的真实想法。他提出："如果你不重视 waigaya，那么在企业越做越大时，就没有人会一针见血地指出不足。而管理者的管理方式也就变成了'皇帝的新衣'，在自欺欺人中一朝覆亡，任何组织都是如此，因此，我们要传承本田这一好的传统。"[17] "这就是本田追求本质的风格。能够不被竞争对手的行动迷惑，着眼于未来，执着地做与众不同的事情，只有如此，才能开创新的世界。"[18]

曾参与研发了符合世界标准的安全气囊的原本田员工小林三郎先生（一桥大学研究生院客座教授）也说[19]："本田的企业理念之一就是'彻底地思考本质'。这一理念也被称为'A00'。据说，'A00'原本是一项指令用语，表示'目标'。本田用其来表示'基本要求''目的''梦想'等意思。也就是说，在本田，'A00'是指'简而言之，这到底是什么？''它的目的是什么？''到底想成为怎样的存在？'。"另外，关于 waigaya，他也表示："本田的这些讨论往往没有正确的答案。在本田，人们可以对一个没有答案的问题讨论三天，讨论的内容并不是销售知识，而是从原点出发讨论事情的本质，在讨论本质时，人们有时甚至会讨论深入到'爱是什么'的程度。"

本田注重场的创建，使组织能在任意场所进行追求本质的讨论，并将此作为一种企业文化。

共同分享"此时、此地"

爱发科公司的会议与众不同。它们会把很多员工聚集在一起，举行长达数小时的会议。例如，它们在进行公司内部调整前，都会举行事前疏通会议进行讨论。它们很重视把所有相关人员召集起来进行坦诚、透彻的交流，从而达成共识。即使这样的会议会花费相当长的时间，公司高层依然会在会上直接谈及他们对达成公司愿景的强烈意愿，并当场做出决策，这种决策体现的是公司全体员工的意见，这将加快整个公司的决策速度。

例如，"战略研究会"定于周六举办，针对新产品开发等特定主题的学习会议，每个月举办一到两次。[20] 参会人员的条件与年龄、职务无关，上到现任董事长、总经理、董事，下到中层管理和年轻员工，都会参加会议，并坦诚地进行交流。公司内部有大约 50 个研发会议，这些会议不管是管理干部还是新进员工都会参加，他们会在会议上进行充分的讨论，并依此做出决策。

通过亲身参加会议，员工们可以实时掌握会议结果，并从对话中了解到高层管理者和中层管理人员的真实想法，而不是被动地接受"去做什么"的指示。此外，通过掌握真实的信息，理解问题的实质，并亲身参与解决问题，员工的主人翁意识也会增强。相比于会后的传达和指示命令，通过事前疏通会议进行决策不会产生任何沟通成本。

爱发科经营的业务领域是装备制造，这是一个准入门槛高、非常讲究时效的行业。在这样的商业环境中，长时间开会的企业看起来似乎效率很低，实际上，这种会议是一个通过面对面交流推动实现真正对话的场，大家可以在会上就"此时、此地"进行沟通，实际上速度很快，效率也很高。

正如前文所述，为了激发自我革新，推动价值创造，有必要建立一个能够共享决策背景和本质的场，尽管这种场有时看起来毫无用处。可以说，使跨职级、跨部门的开放式交流成为可能的有形的和无形的场的存在，对于持续成长型企业来说是必不可少的。

过程评价

过程评价催生变化

企业实现持续成长的过程就是以愿景共享为起点，通过知识的创造力，激发执行力和变革力，从而实现持续高业绩的流程。这个流程需要高层管理者、中层管理人员和普通员工的行动一起支撑。对企业来说，即使在个人的微观层面，也必须对每个人的行动过程进行关注，并客观地做出评价，这对企业的持续成长来说是不可或缺的。

过程评价需要结合时代背景来进行，且与企业的战略方向和路线密切相关，包括在当前大背景下应该发挥怎样的领导力，采取怎样的行动，哪些协作是必要的，等等。但是，"此时、此地"每时每刻都在发生变化，在这种不确定因素的作用下，过程并没有正确答案。然而，通过实践探索什么是好的过程，本身就是一种变化。

为此，企业的高层管理者需要在平时密切关注员工的行动，以便进行过程评价。领导者的职责就是在日常工作中，对个人的 PDCA 过程提供支持，及时反馈问题，通过对话获得员工认同感，推动接下来的行动过程出现变化。整个组织需要通过这样的过程评价推动 PDCA 循环，从而引起更大的组织变化。

"程序公正"激发创新

如果企业可以确保正确地看待过程，那么员工就不会惧怕结果，他们会冒着风险去挑战未知领域，即使乍看起来毫无用处的事情，他们也愿意冒险并继续执行下去。这有助于推动自发的挑战和实践，从而取得更好的成果并催生创新。这也是支撑组织获得持续成长能力的必然行动。过程评价还能作为一种激励体系，引导员工行动以提高组织能力。

这一点与国际知名的欧洲工商管理学院（INSEAD）提倡"蓝海战略"的金伟灿（W. Chan Kim）博士与莫伯涅（Renée Mauborgne）博士所提出的"过程公平"观点是一致的。[21] 他们提出，人们的合作与信任关系是组织能力提升和创新的源泉，而产生这种合作和信任关系的，不是结果的公平，而是过程的公平（过程公平）。

过程公平符合人类的基本需求。无论在组织中担任什么角色，每个人都想获得正确的评价。我们认为，无论是谁，都会希望自己的才智被尊重和认可，也希望自己的想法能被认真对待。而且，过程公平能让个人感受到自身被尊重。虽然人们都会在意结果，但其实也会在意过程，无论结果如何让人满意，如果在实现这一结果的过程中存在不公，同样不会令人信服和接受。但是，如果过程的公正性令人满意，即使结果不理想，多数情况下也会得到人们的认可。

这被称为"程序公正"[22]。如果仅根据结果评价保证"分配公平"，人们就会仅仅满足于处理好自己承诺过的事情以及被期待做到的事情，使结果符合期待。如果程序公正，人们会感觉到自己被尊重，从而产生信赖感和归属感，所做的事情也会超出自己承诺的范围，从而产生超出人们期待值的结果。

企业实现了过程公平，就会加强信赖关系，员工们会主动合作，勇于担当，无论是超出自身职责的工作还是急难险重的任务，都能主动承担。这会推动组织的创新。

不只关注结果

接下来，我们稍微换个视角来探讨这个问题。每个人的工作能力和掌握的技能都不相同，在这种情况下，企业应该怎样分配和评价呢？[23]

受限于人员计划等，企业在分配人员方面捉襟见肘时，个人技能、能力的收益最大化和企业的利润最大化之间会产生矛盾，基于业绩进行统一评价就会带来问题。

现在，我们假设企业中有两名员工，A 先生和 B 先生（见表 5-2）。该企业设了制造部门和销售部门，A 在制造部门能产生 7 项成果，在销售部门能产生 3 项成果；B 在制造部门可以产生 8 项成果，在销售部门可以产生 5 项成果。为了简单说明，我们假设 A 和 B 的报酬与工作成果成正比。也就是说，如果 A 被分配到制造部门，会得到 7 项成果的报酬。

表 5-2　A 先生与 B 先生的成果与收益

	制造部门	销售部门
A 先生	7	3
B 先生	8	5

现在，假设公司的制造部门和销售部门人手都不足，A 先生和 B 先生都想被分配到容易出成果的制造部门（因为获得的薪酬高），这无可厚非。

但是，如果每个部门能够分配的人员受到限制，制造部门和销售部门都只能安排一名员工，该怎么办呢？如果将 A 分配到制造部门，将 B 分配到销售部门，则整个公司的成果收益会是 7+5=12；而如果将 A 分配给销售部门，将 B 分配给制造部门，公司的成果收益会是 3+8=11。这意味着，如果公司想获得最大收益，最好将 A 分配到制造部门，将 B 分配给销售部门。

在这种情况下，由于薪酬是根据成果决定的，因此，A 先生将获得 7 个成果的报酬，B 先生则获得 5 个成果的报酬。但是，很明显，在两个部门中，B 先生的能力都要强于 A 先生。然而，由于公司人员配置的问题，他被分到了一个相对来说不容易出成果的部门，因此其薪酬也低于 A 先生，这对 B 先生来说是不公平的。

应对这种情况的解决方案是不将薪酬与成果挂钩，而是在一定程度上固定下来。另外，如果被分配到一个自己不太擅长的岗位，员工的工作动力很有可能会下降，因此，对于工作分配问题，不能用统一的方案来应对，要考虑到与此相关的每个人。从这点上来看，同时就结果和过程进行评价是十分有必要的。

对出色的工作进行评价

三井物产于 1999 年废止了"年功序列制"（论资排辈制），改为基于成果主义的评价和薪酬制度，不管年龄大小、职务高低，在进入公司的第四年，大家的基本工资都是一样的。[24]与此同时，公司会对"销售额同比提升率""新业务数量"等可量化的成果进行测定，根据结果给予每个人不同的奖金。另外，不管是绩效评价还是能力评价，都是基于个人能力来衡量的，企业对个人能力的评价并不是看个人的潜在能力，而更看重个人的具体行动和取得的成果。

但是，这样做会带来一些负面影响，例如员工会更加注重短期见效的工作并只着眼于局部，做好自己负责的事情，不会从企业整体角度去思考问题；企业内开始出现"只要短期内绩效提高了就行""那些和报酬无关的事情没必要去做""同事和后辈都是自己的竞争对手，所以有些事不能透露给他们，对后辈也不要尽心去培养"之类的不和谐声音，员工的满意度显著下降。每个员工就好像是一个独立核算的私人商店，只关注自身的盈亏。

过度使用成果主义，最终导致三井物产在 2002 年和 2004 年出现了两起丑闻。[25]被称为"人的三井"的三井物产，自创立以来，一直将重视人才、培养人才作为公司的使命，所以出现这种事件真的令人非常痛心。

借着这两起丑闻事件，三井物产进行了认真反思，2006 年，时任三井物产总裁的枪田松莹（后任三井董事会会长）将基于成果主义的"绩效薪酬"制度再次变回了以业务能力资格为基础的薪酬制度。这之后，三井物产对于员工"工作出色"[26]的认定方针有了很大的转变，像对后辈的培养之类的内容在评价时都会被考虑在内。

在回顾当时的情形时，枪田说道："发生此类事件的原因是，公司没有充分地了解和努力地理解员工在哪里做了什么样的工作，取得了怎样的成果，怎样才能感受到自己的工作获得了回报。比起努力地去理解这些，公司认为用数据说话，根据收益的多少来判断薪酬更为轻松，但是如果只看数据，公司和员工都会忽视过程的重要性。后来，我们认识到了这种情况的弊端。"[27]

在三井物产新的制度中，职务晋升审核采用100%定性评价的方式，对员工"是否做了应该做的事情"进行评价。所谓"应该做的事"绝对不是销售额的提升，而是有没有贯彻"为宝贵的地球以及居住在这里的人类创造充满梦想的未来而贡献力量"的企业愿景，以及"时刻保持'公平'和'谦虚'的态度，诚实、认真地回报社会给予的信赖"等价值观。而在确定薪酬时，定量评估占20%，定性评估占80%。

另外，三井物产在业绩评价方面也增加了定性评价的因素。例如，不再是单纯地按年份进行评估，而是从长期发展角度考虑，对一项工作是否在五年规划路线图设定的方向上取得进展进行定性评价。在基于成果主义的人力资源管理制度时代，个人都如私人商店般带有明显的功利化思想，人才培养的意识变得淡薄，为了再次培养部下，当时的管理层和现任管理层积极地支持设立了研修场所。

同时，部长研修会也变成了提高个人能力的项目。这个会议提供了一个场所，供人们聆听各位前辈以及活跃在自身业务领域之外的人们介绍如何克服失败经历等经验。这么做是为了让企业的员工们意识到世界上有各种各样的人同我们一样在努力奋斗，并结合他人的经历对自身的工作进行正确的评价。

同时，作为高层管理者的枪田，在 6 年半的时间里，举办了多达 117 次"总裁座谈会"，他会与 10~20 名员工一起，一边吃饭，一边促膝长谈两个多小时，通过这种直接、真诚的对话方式倾听来自工作一线的声音，并表达自己的想法。除此之外，为了促进非正式的畅所欲言式会议，他还积极推行"周三活跃谈""总裁信箱"等，打造与员工交流的场所。

通过这些措施，管理者和员工在现场讨论了怎样才算是"出色的工作"，员工之间也开始互相交流自己是如何实现"出色的工作"的。通过良好的过程评价，企业的愿景得以共享并付诸实践，也实现了知识的交流和创造。而且，过程评价也与人才的成长息息相关。

评估产生结果的过程

化妆品生产巨头资生堂在 2008 年彻底废除了之前设定的销售总额指标，同时将销售额预算达标率从评价指标中移除。对于资生堂销售公司自部长以下的全体员工来说，以前他们必须面对这些指标。

时任资生堂总裁的前田新造说道："日本已经进入人口减少的时代，号称拥有 15000 亿日元市场的化妆品市场也在萎缩。在这种情况下，要提升消费者的满意度，让他们一生都忠于资生堂产品，我们就必须进行转型，百分之百地以客户需求为导向"[28]。

处于工作一线的员工提出是否可以在一定程度上保留部分基于销售额的指标。对此，前田社长回应道："不能有这种想法，必须彻底去除销售额的指标，不留余地，""开弓没有回头箭，不管过程多么痛苦，都不能回头。"
他用这些回复表明了自己的决心。

其实，早在 2006 年 4 月，资生堂就取消了美容顾问的配额指标。在此
之前，他们在美容店内为顾客提供美容咨询服务，必须担负直接销售和推
荐销售的配额指标。之所以会取消这一配额指标，是因为这些美容顾问认
为他们的工作是让客户变得更美，但销售配额的存在阻碍了他们更好地开
展工作。

但是，销售公司的员工们此时仍然受到销售配额指标的约束，他们的
目标依然是提高销售额，这就与以提高客户满意度为目标的美容顾问们产
生了冲突。因此，通过取消销售公司所有员工的销售配额，可以使这些员
工与工作在一线的实际与客户打交道的美容顾问们紧密地团结在一起，从
长远的角度出发，不断地提升客户的满意度。

在从以结果为导向的基于销售目标完成率的评价体系转向基于经营过
程的评价体系时，前田新造在两个月内走访了全日本范围内的 11 个营业网
点，向奋斗在一线的员工传达了企业进行制度改革的意图，并与他们进行
了深入交谈。他在交谈中直截了当地提出，把销售业绩作为目标，与资生
堂"实现每一位顾客的外在美，并使心灵更美丽健康"的企业宗旨相违背，
这就是公司引入过程评价的原因所在。

此外，资生堂还提供了场所，供分公司和各门店的销售员工们分享自
己的成功经验，这种分享会在资生堂每半年，甚至每月、每周都会组织一
次。而通过分享自己所在店铺的成功销售案例，每名员工都了解了大量的
成功故事，并借此积累了大量的成功经验。

另外，对分公司经理和各门店店长来说，基于销售额和利润率这些成果数据的评价体系并没有改变。对此，前田社长解释道："门店店长以上的管理者都是需要对经营数据负责的领导者，对他们来说，创造效益是理所当然的事情。怎样才能实现销售额的健康积累呢？我希望他们能通过自己的经验，对下属的业务流程给予合适的指导。在对作为过程结果的业务绩效进行约定的基础上，我们将管理权限交由承担部分经营任务的分公司经理和门店店长们，由他们自主决定如何建立业务流程，以支援员工们完成业绩。"

推动协作和人才梯队培养

小林制药以"你想到，我做到"为品牌口号，并推出了"暖宝宝""喉咙喷雾""滴眼液"等很多热销产品。该企业的目标是"上市一年内的新产品的销售额占企业总体销售额的 10% 以上"[29]。小林制药将自己所需要的员工形象地描述为"顽皮员工"。"顽皮"在日本关西方言中的意思是"不听话"，这一员工形象反映出小林制药不断创造和革新的经营理念。

但是，像这样坚持创新理念的小林制药也会遇到新产品开发不顺利的情况。为了应对这种情况，小林制药进行了管理改革，例如将基于职能进行划分的组织体系调整为基于产品类别进行部门的划分。作为此次调整的重要一环，小林制药还于 2005 年引入了基于成果主义的人力资源制度。

这种调整的效果立竿见影，2005 年，即引入该制度的第一年，新产品销售额占比就大幅提升到 8.6%，而在此之前的 2004 年，新产品销售额占比已经下滑到 7.0%。到了 2006 年，这一比率更是上升到 17.9%。但是，在

2007年，该比率又大幅下滑到10%以下。随着新制度的实施，在公司内部，一些问题开始凸显，员工开始变得更自私，诸如"只要达成个人自身的目标就会获得奖金""不做没有列入自己工作任务的事情""不与其他部门或员工进行合作"等利己主义行为变得越来越多。

其实，在引入基于成果主义的人力资源制度之前，小林制药自1995年起开始实行的扁平化组织体系已经导致这种利己行为的出现。小林制药所谓的扁平化制度是在部长下面设组长，组长之下的所有员工都是平级的。由于取消了主管和主任级别，也就再也没有出现过过去那种主管和主任提携培养后辈的情形。

团队合作和人才培养是创造新产品的原动力。而小林制药过去的制度体系使得这种原动力不断弱化。为了纠正这种错误，小林制药重新调整了评价指标，在目标管理制度的目标设定中增加了培养后续梯队和下属的项目，并且从2007年开始，明确将"第2项：培养"纳入对组长等管理职位的目标设定中。同时，后来设定的主管、主任等管理岗位，也必须落实这一目标，对后辈进行培养，可以说这个项目在全公司都得到了彻底的贯彻。小林制药以新品研发为目标，对基于成果主义的人力资源制度进行了优化，引入了支撑新品开发持续推进的诸如后辈培养、团队协作等的过程评价指标。

为了实现企业的持续成长，鼓励挑战以及过程评价是非常重要的。但是，非凡的过程必须与管理理念相契合。像通过探寻本公司存在的意义提高销售额的资生堂，以及通过培养下属进行新品研发的小林制药一样，要实施过程评价，必须首先明确想要达到的经营目标以及达成这一目标的路径。此外，不管是否基于成果进行评价，都可以促进挑战。我们需要做到的是不再局限于眼前的结果，这与第三章提到的"放眼未来"的价值理念是一致的。

着眼未来进行人才招聘及培养

充分发挥人才的作用

《基业长青》系列丛书的作者美国管理学家詹姆斯·柯林斯（James Collins）曾提出"将合适的人请上车，将不合适的人请下车"[30]，中国也有句话叫"能者上，庸者下"，这句话说明了先选择"合适的人"，再决定"做什么"的重要性。在外部环境急剧变化的情况下，战略、战术、组织结构的灵活变化是必然的，但组织培养的人才很难轻易变动，因此这种主张有一定的道理。

詹姆斯·柯林斯在最近的一次采访中提到[31]，为了应对未来无法预测的世界上的各种危机，在平时就不吝于对"人力资源"进行投资是十分必要的。其中重要的一点是，聘用并留下"合适的人才"，然后把合适的人才放到"核心的岗位"上。

企业很难录用到"合适的人才"。但是，有很多研究表明，通过录用能够适应各种组织的人才，让人才适应组织，也可以取得很好的成效。[32] 此外，就像第三章所描述的，业绩优良的企业往往都会从长远的角度考虑，制订相应的人力资源政策和措施，例如"即使业绩下滑也不会裁员""企业的职业生涯成长支持""复合型人才培养"等，这些政策可以帮助企业"留住自己想要留住的人才"。

在人、财、物这三种管理资源中，人无疑是最能灵活应对环境变化的一种。从长远的角度考虑，加大对招聘过程的投资以挑选到合适的人才，通过人才的配置、调动和培养，持续对作为组织能力发挥源泉的人力资源进行开发，这是决定一个企业能否应对重大的环境变化，实现持续成长的重要因素。

持续培养领导者

上文提到的卫材株式会社为了应对组织大型化这一环境变化，将 2000 多人的研发部门进行了重组，重新分割成了"癌症治疗""神经系统治疗"等 13 个小组。

时任卫材株式会社社长的内藤晴夫说："对于带领这些小组的 13 名领导来说，缩短新药的研发时间是头等大事。为了实现这个目标，我对他们说'为了这个目标，你可以做任何你想做的事情'，并把一切权限都交给了小组的管理人员。这也就是说，他们必须自己找出解决方案以实现缩短新药开发周期这一目标。""通过这种方式，他们学会了站在领导者的角度去看待和处理问题。已经成为真正的领导者的他们，现在正致力于培养自己的接班人，我们希望这么做的结果是，好的领导者接二连三地出现，形成一种良性循环。"[33]

将大的研发组织拆分成小规模的研发小组，并不仅仅是为了提升新药的研发速度，达到风险型企业的水平。从长远角度看，这也是一种领导者的培养机制。

信任年轻人

电子零部件制造商日本揖斐电株式会社（IBIDEN，以下简称"揖斐电"）成立于 1912 年。公司刚成立时是一家依托揖斐川 ① 进行水力发电的电力供应公司。在成立后的 100 多年时间里，公司的主营业务已经转为电子产品原材料、碳材料、建筑材料、电子产品、汽车零部件的研发生产。

支撑这种变革力的是企业"未来的粮食需要自己来播种"的人才培养理念，是企业将新业务的开发交给年轻人的传统。[34] 揖斐电有着委托年轻人开发新业务的历史，许多现任高管在进入公司不久就参与了新业务的开发工作。实际上，从 2008 年 4 月开始，公司开发新业务的成员，全部都是入职未满 4 年的年轻员工。

新业务的开发需要克服困难，冒着风险做出决断，争分夺秒地与时间赛跑等，这需要强大的活力支撑。揖斐电认识到，要实现业务的长期发展，就必须培养有觉悟和充满热情的年轻人，让他们在年轻、最有活力的时候体验新业务，相信他们，并把业务交到他们手中。

揖斐电原社长竹中裕纪在接受采访时说："作为管理者，最大的作用就是在为公司拓展新业务的同时，也为企业留下人才。""我相信，即使是年轻人，只要敢于承担责任，也能完成公司大部分的业务。此外，让年轻人依靠自己的力量努力创造新业务与人才的培养息息相关，而这些人才肩负了下一代的希望。"

---

① 揖斐川是一条流经日本岐阜县、三重县的木曾川水系一级河川。与长良川、木曾川并列为木曾三川之一。——译者注

在揖斐电，以长远目光培养年轻人才已经成为管理层的共识。为了增强年轻人的信心，在一线注视着这些年轻人成长的管理层在与他们交谈时，经常会说："失败是成功之母，我们所做的努力如果能有 30% 获得成功就是一件很了不起的事情了。"

从依靠个人魅力到依靠经营团队

本田在创立之初，公司的管理靠的是本田宗一郎和藤泽武夫两位领导者的个人魅力。之后，在两人离任后，本田的管理转向团队领导体系。

藤泽武夫说："创业者最重要的工作就是为下一代管理者留下适当的管理基础。"[35] 他也按照这一理念，为本田的下一代管理者打下了坚实的基础。他搭建了一个大的董事室，取消了董事中的负责人制度，并为他们设立了一个课题——讨论"作为一名董事应该做什么"。

随着组织的壮大，部门负责人会被下属的管理和批准事项困扰，疲于应付。此时，他们的目光往往会聚焦于如何维持组织的运营，而忽略了从最有利于公司发展的角度看问题。藤泽武夫将自己搭建的讨论室称为"集体思考型董事室"，这是一个为了防止官僚主义和大企业病而准备的，将部门负责人从被动维持组织运营中解放出来的团队领导体系。这样，本田就建立了一个快速决策组织，即使本田宗一郎和藤泽武夫卸任，后续的管理者也可以保持冒险精神以及领导层间活跃的意见交流。

通用 CEO 杰夫·伊梅尔特（Jeffrey Immelt）经常提到"自己 30% 的精力都用在了培养接班人上"。作为著名的领导者培养地，通用克劳顿领导力中心引入了一项培训制度，对于致力于同一业务的团队，全体员工必须一起就同一项目进行为期一周的培训。[36]

通用负责人力资源培养业务的副总裁苏珊·彼得斯（Susan Peters）在谈到这一制度时说："无论个人成长到什么程度，如果组织整体不能获得进步，个人就不能期望获得长期的成长。对团队成员来说，这种培训是一种可以让伙伴们昼夜相处的全新体验。这个制度并不是从当下角度考虑的，而是基于长远考虑而设置的，这是团队成长的良好机会。"

这项计划开始于 2006 年，其背景是杰夫·伊梅尔特强烈的问题意识，他认为组织的成长不能通过并购实现，而是需要拓展现有业务并不断开发新业务，以实现组织的内部成长。推出这项计划有两个目的：一是实现组织的转型；二是培养新的领导者。

其中，名为"领导力创新成长计划"（the program Leadership, Innovation and Growth，LIG）的研修班，一次有来自 6 个部门的 80 人参加。研修的内容是以讲座的形式学习思考力和领导力，同时以部门为小组进行练习。研修的最后一天，参加者将在杰夫·伊梅尔特面前讲述自己推动业务成长的实行计划。

在 LIG 的 4 天时间里，研修人员可以从各部门面临的紧急任务中脱身出来，从零开始，展开广泛的讨论。从讲座中学习共同的理论知识之后，各个团队将在此基础上，以解决当前和未来的问题为目标，进行反复的讨论，并提炼出行动计划。

在通用，每个部门的中长期业务计划被称为"成长手册"。据说，很多参加研修的团队将根据讨论重新编写这本手册。这些团队通过 LIG 培训成为一个整体，他们将基于相同的视角重新思考本部门的目标和计划，并将其付诸实践。

为了实现企业的持续成长，聘用合适的人才并对这些人才进行培养是必不可少的。正如我们在第一部分所提到的，支撑组织能力的是作为管理资源的高层管理者、中层管理人员以及普通员工的实际行动。因此，如何对这些"合适的人才"进行培养（领导能力开发），如何将他们整合成一个团队（团队建设），以及如何创建可以自我革新的组织（组织开发），是一个企业能否实现持续成长的关键因素。但是，组织能力的开发和人才的培养需要花费很多时间，所以企业领导者必须高瞻远瞩，放眼未来。

发挥制度的意义并对其不断完善

保持制度和理念的一致性，使其富有意义

将企业愿景渗透到组织的每个角落并实现愿景共享的常态化，是推动企业持续成长的组织能力中的重要环节。当然，推动组织成长和人才培养的制度和体系必须与公司的愿景和理念保持一致。对企业来说，持续践行企业经营理念，发挥制度的作用非常重要。

社会建构主义是一种有别于社会实在论、实证主义或本质主义、后实证主义的本体论和知识论。建构主义主张世界是客观存在的，但是对于世界的理解和赋予意义是由每个人自己决定的。我们以自己的经验为基础构建现实，或者至少说是在用自己的经验解释现实。每个人的经验世界是用他自己的头脑创建的，由于每个人的经验和产生这些经验的过程与社会文

化、历史背景不同，导致每个个体对外部世界的理解也不同。根据社会建构主义理论，每个人都通过"对客观事实赋予意义"理解自己所生活的世界，并指导自身的行动。[37] 因此，人们通过自身的社会关系及互动模式给事物（客观事实）"赋予意义"的过程非常重要。在资生堂、佳能、三井物产等企业中，高层管理者通过与员工直接对话的方式阐述改革和制度变更的意义，就是实现这一过程的典型范例。通过前文介绍的所有实现了持续成长的企业的实践过程看，这些企业都十分重视通过沟通使组织成员能够了解制度和体系的含义，从而理解其意义所在。

如何引入并使用基于成果主义的评价体系，一直以来都是一项重要课题。[38] 为此，很多企业尝试引入一项名为"经济附加价值"（Economic Value Added，EVA）的绩效评价指标。[39] EVA 是一项结合了经济学中利润概念的管理指标。在日本，1999 年 4 月，花王率先引入这一指标，之后，索尼、旭化成、麒麟啤酒、安斯泰来制药等公司也相继引入这一指标。[40] 但是，在引入 EVA 及类似评价指标的企业中，仅仅将 EVA 作为单纯的评价指标使用的企业都相继中断了这一指标的使用，这也证明单纯将其作为评价指标使用的效果并不理想。

与此相对应，在日本率先引入 EVA 的花王，并不是单纯地将 EVA 作为一个评价指标来使用，而是将其融入企业的日常行动。据说，花王的企业内部网站上刊登了"EVA 的改进方法"[41]。EVA 是一个反映公司整体业绩的指标，因此，普通员工会认为这个指标离自己"很远"，与自己关系不大。这样，EVA 指标就无法推动公司内部的一致行动，为此，花王将该指标进行了分解，变成了每个人都可以实践的且与当下活动密切相关的指标。

例如，关于如何改善 EVA 指标的第一项就是"家庭必需品最好选择花王品牌"。除此之外，还有注重顾客导向的条目——"做到超乎顾客所想"；关乎合规性的条目——"隔墙有耳，不要在公共场合议论公司"；还有与减少浪费、压减成本有关的条目——"只有在必要情况下才能使用传真，而且传真文件不要加封面"；甚至还有"邀请比我们更聪明的人来工作"之类的条目。此外，在近乎严苛地追求业绩，喊出"盈利！盈利！盈利！"口号的同时，花王还设定了"用鼓励的话让员工开始美好的一天吧""让我们团结协作，共同努力""保持微笑"之类充满温情的指标项目。通过这种方式，花王将管理层设定的管理指标变成了一线工作人员都可以共享的通俗易懂的语言，并将其融入每个人的心中。

推动制度和体系的优化

制度和体系必须超前谋划，根据需要不断完善。如果不这么做，就会出现第四章所提到的组织结构壁垒，并阻碍企业的成长。此外，如果不能根据企业生命周期的发展阶段灵活地审视、重建制度和体系（第四章提到的"经验壁垒"），企业的持续成长也会受阻。我们不能满足于一时的成果，必须积极谨慎地引入符合企业文化和当下状况的方法论，并不断使之完善。

花王的"成果主义制度"和前面所述的 EVA 指标的引入和运用历史都是很有代表性的例子。花王在设置"基于成果主义的人力资源评价和薪酬制度"时，虽然根据业务类型的不同制定了差异化的制度，但本质上与其他公司的制度没有太大区别。与其他公司相比，花王的不同之处在于能够随着经营环境的变化，不断地优化、完善制度，避免制度与一线工作的实际情况相背离。

　　自 20 世纪 80 年代以来，花王一直在不断地改革其人力资源制度 [42]，而当时还没有引入"成果主义"这一概念。从丸田芳郎任总裁时起，花王开始不再看重资历排序，转而重视工作成绩和能力，并于 1988 年引入管理岗位的年薪制度。之后，在常般文克的任期内，花王转为重视职务成果，并引入与业绩相挂钩的奖金制度。而在随后的后藤卓也时期，花王引入涵盖所有员工的工作小组体系，并制定了与 EVA 挂钩的奖金制度。此后，尾崎元规接任，他在管理岗位的评价体系中加入了"花王之路"的实践度这一指标。此外，这些制度中很多并不是全公司统一执行的，而是会根据业务类型、所处职级和部门的不同进行调整。此外，每个部门都设有一个名为"职业协调员"的职位，设立这一职位的主要目的是支持员工职业生涯的自我规划，并将合适的人才安排在合适的岗位上。

　　从这一点可以看出，花王人力资源管理部门对基于成果主义的评价制度的态度和理解。它们不仅将成果主义作为评价的工具使用，还结合一线实际，不断地修改、完善，将其与人才培养结合在一起。虽然基于成果主义的评价制度是人力资源管理部门打着改革的旗号引入的，但是，因为该制度的束缚，很多企业的人力资源管理部门反而变成了这一制度的反对势力，与之相反，花王应对该制度的做法值得我们借鉴。

　　在 EVA 指标的应用上，花王的做法同样值得学习。花王最为看重的经营指标就是前文提到的 EVA。针对"引入 EVA 后，企业在经营时是否会变得短视，只注重眼前利益"这一担忧，花王财务部门的负责人兼公司执行董事三田慎一先生解释道 [43]："我们并不会看重短期结果，如果从长远来看，能够使 EVA 增加，我们就会进行投资。一个典型的例子就是 2006 年收购嘉娜宝公司（Kanebo）。为了收购嘉娜宝，我们投入了 4000 亿日元。但由于嘉娜宝的利润率很低，以如此巨额的资金收购一家利润率低的企业，肯定会使我们的 EVA 在短期内出现下滑。尽管如此，我们认为从长远来看，收购嘉娜宝会使公司的 EVA 出现增长，并做出了这一决策。"（事实确实如此，2006 年度花王公司的 EVA 出现下滑，而在这之前，公司的 EVA 一直呈现增长态势。[44]）"即使在研发这种长期工作中，我们也很注意避免 EVA 带来的负面影响。从引入 EVA 的 2000 年度开始，占各部门研发费用两成的基础研发费转由公司总部直接管理，因为继续由各部门进行管理的话，为了短期内提高 EVA，很多部门可能会牺牲掉基础研发工作。"我们从这些言论中可以清楚地看出花王的管理理念，即在有目的地灵活运用指标和体系的同时，不断对指标和体系进行优化完善。

　　丰田将 2001 年的经营理念表述为"丰田之路 2001"。据说在讨论这一表述时，"2001"是时任丰田名誉会长的丰田章一郎坚持要求加上的。[45]"丰田之路 2001"是丰田为应对全球化和业务领域的多样化而实施的针对新的经营环境的政策，这一政策被丰田明文确定下来。但丰田章一郎担心这一明文规定会成为公司的金科玉律，不可动摇，所以他希望通过加上"2001"来表明"丰田之路"是一个不断进化的理念，而"丰田之路 2001"仅仅是公司 2001 年的经营理念。

　　无论如何搭建组织结构和人才培养体系，企业都必须牢记制度的意义，并对制度进行优化完善。企业内的各项制度必须与公司理念相契合，要按照公司理念应用这些制度，发挥制度的意义，同时根据时代的变化使制度趋于完善。

没有灵丹妙药

本章介绍了使企业获得持续成长的组织和人力资源管理的关键。由此我们可以明白一件事，那就是没有什么灵丹妙药能够让企业轻易地实现持续成长。引入特定的体系和政策并不意味着企业肯定会变得更好。假如一家企业像花王学习，承担员工酒会的费用，仅仅这么做不会给公司带来质的变化。

为了打破第四章所提到的各种管理壁垒，有必要建立一个能够打破现状、不断创新且不受体系约束的组织。为此，组织必须积极求变，并且能够正确地对变化进行评价和奖励。

正因为有了能够催生变化的组织和人力资源管理，第一部分所介绍的"愿景共享力"→"知识创造力"→"执行与变革力"这一机动的组织能力才得以强化。"社会使命与经济效益""共同体意识与良性竞争""放眼未来与直面现实"这些对立的价值标准才能够实现兼容和强化。

日本の持続的成長企業

为成为持续成长型企业而努力

　　本书探讨了"为什么一些企业可以（跨越环境的变化）在数十年的时间里保持优良的业绩（或者相反的，为什么一些企业无法长时间维持优良的业绩）？怎样的组织和人力资源管理才能使企业的持续成长成为可能？"等问题。可以说，企业经营是一个"不断变化的过程"。

　　这是因为企业经营就是一个在历史长河中面对不断变化的现实，一边重复着"此时、此地"的决策判断，一边持续创造价值的过程。而创造这种管理过程的是人，以及将人与人关联起来的集合体——组织。

　　为了完成企业的战略实践，实现商业模式，企业必须持续采取行动，在每天的实践中形成创新性战略，在面对巨大的环境变化时舍弃当前的战略和商业模式，做出自我革新的决策并付诸实施，这些都是由组织和人来完成的。

　　因此，采取合适的管理手段，使得组织和人能够适时地创造出上述过程比任何事情都重要。正是基于这样的观点，本书认为组织和人的优劣决定了一家企业能否实现持续成长，同时聚焦于组织和个人，进行了充分的调研和分析。

　　通过分析结果，我们明确了一家持续成长型企业具备的"三项组织能力"和"三组价值标准"，其管理模式如图 1-1 所示。

　　持续成长型企业具备的三大组织能力：

- 执行与变革力（坚定不移地贯彻落实与坚持不懈地自我变革）；
- 知识创造力（基于多层次的交流沟通与丰富关联性的知识创造）；
- 愿景共享力（围绕一个中心不动摇并共享其重大意义）。

持续成长型企业一以贯之的三组价值标准：

- 既重视社会使命，也追求经济效益；
- 共同体意识与良性竞争共存；
- 既放眼未来，也直面现实。

可以提高业绩的组织的行动力自成体系，同时每个体系又相互关联。执行与变革力可以同时实现日常的执行和面向未来的价值创造，直接关系到业绩的改善。通过多层次的交流沟通和丰富的关联性创造知识的知识创造力能够强化这种执行与变革力；以共享价值标准为中心毫不动摇的愿景共享力则同时强化了执行与变革力及知识创造力，成为组织能力的起点。这三种能力，无论缺了哪一种，都会导致组织能力无法发挥作用，只有相互影响，才能带来业绩的提升。

组织能力并不是独立发挥作用的，而是与组织中的管理资源（高层管理者、中层管理人员、普通员工、企业文化等）密切相关。

以下管理资源与执行与变革力密切相关：

- 能够利用自身领导能力在长期利益和当前效率间取得平衡的"高层管理者"；
- 能够灵活应对环境变化的"企业文化"；
- 能够理解公司经营理念，在工作一线推动创新的"中层管理人员"。

以下管理资源与知识创造力密切相关：

- 为能在该企业效力感到自豪，拥有工作主动性的"普通员工"；

- 强调多样性和团结一心的"企业文化"；
- 建立知识关联性的"中层管理人员"。

以下管理资源与愿景共享力密切相关：

- 能够根据一线的工作感受推动变革的"高层管理者"；
- 能够将公司愿景展现出来，并融入公司方方面面的"高层管理者"；
- 能够将公司愿景分解成通俗易懂的语言或任务，推动愿景渗透的"中层管理人员"。

支撑这些组织能力的是价值标准。在持续成长型企业中，这些价值标准贯穿于从一线到管理层的行动和决策过程。价值标准隐藏在组织内，是成为一切行动前提的价值观、行为规范和信念体系。它由一些乍看起来互相冲突的标准组成，如社会使命与经济效益、共同体意识与良性竞争、放眼未来与直面现实等。持续成长型企业能够同时具备并根据实际情况适当地应用这些看似矛盾的价值观。

除了组织能力和价值标准，本书还介绍了应该构建怎样的组织和人力资源管理机制以实现企业的持续成长，也就是解释组织和人力资源管理的关键是什么。

要实现持续成长型的管理流程，企业就必须能够通过管理推动组织和人产生"变化"。但在这一过程中，没有什么完美手段或灵丹妙药。虽说如此，从长远角度看，有一些手段永远是必不可少的，例如：组织本身的内在变化（灵活的组织结构和人才配置），产生变化的场所（场的建立），对变化的评价（过程评价），聘用并培养能够使组织自由变化的人才（着眼未来进行人才招聘及培养），随着变化不断完善的体系（发挥制度的意义并对其不断完善）等。

以下是组织和人力资源管理的关键：

- 灵活的组织结构和人员配置；
- 场的建立；
- 过程评价；
- 着眼未来进行人才招聘及培养；
- 发挥制度的意义并对其不断完善。

本书阐述了对持续成长型企业来说必不可少的三项内容：①三种组织能力以及强化这些能力的管理资源；②三组价值标准；③组织和人力资源的管理。这三者之间有着密切的联系。可以说，对管理者来说，面对这三者，需要做的不是加法，而是乘法，这就要求管理者必须持续地优化、完善这三项内容。乘法的含义就是，如果一项政策不能同时兼顾这三项，或者说其中的某一项是零因子或负因子，整个管理过程都将毫无作用。例如，如果管理资源与组织能力不匹配，这些管理资源就无法得到有效利用，而与价值标准相违背的管理反而会给组织带来混乱。

能将以上三项内容整合在一起的是价值标准。假设我们开发了一套并不成熟和精细的制度或措施，只要我们毫不动摇地贯彻组织的价值标准，这些制度和措施一样可以发挥作用。这是因为有了作为核心的价值标准，我们在机制的应用和政策的实践过程中所做的一切自然而然地就有了意义。

组织和个人也是相互作用、共同进步的。个人会因组织而活跃，组织也会因个人而活跃。将由价值标准支撑的个人力量汇集在一起，就会产生组织的动力，通过这个过程，三种组织能力得以全面发挥，企业也就实现了可持续发展。同样，通过对这一过程的日常实践，组织的能力也会渗透到每个人的内心之中并得到强化。

当今社会，全球化、扁平化、多极化的趋势日益明显，这些词语反映了环境的不确定性、复杂性和多样性。但从另外的角度说，企业面对的也将是一个前所未有的广阔未来。

每家企业都具备持续成长的潜力。为了实现企业的持续成长，我们所面临的一项管理课题是，如何在保持组织和个人独立性的基础上，通过组织与个人的相互作用，最大限度地发挥组织和个人的力量。我们希望本书所阐述的研究成果能够为负责管理的各位同人提供一定的指导，帮助各位更好地面对未来的挑战。

附录

---●—— 日本の持続的成長企業 ——●---

附录 A   提升业绩的组织能力与组织人才管理调查（2009 年）

调查概要

·实施调查的目的

通过调查，明确如何进行组织和人力资源管理才能创造价值，供那些在环境变化中面临各种管理问题的企业和组织参考。

·实施调查的时间（回答时间）

2009 年 3 月、4 月。

·调查的对象

拥有超过 1000 名员工的大型企业及其业务部门。

·调查方法

（1）由每个被调查企业的人力资源部门向各自企业业务主管以上职务的管理者发放调查问卷并回收。

（2）受访者人数：每个组织不超过 30 人。

·合计样本数

194 个组织。

（1）假定由全公司进行回答——161 家。

（2）假定由公司内的业务部门和分公司回答——33 家。

·调查框架（附表 A-1）

附表 A-1　调查框架

领　域	要　素		项目数
组织能力	·愿景共享力 ·执行力 ·变革力	·横向推动力 ·沟通力 ·知识交流力	19
人力资本 （一般员工）	·追求成果 ·创新行为	·挑战欲望 ·员工满意度	10
人力资本 （中层管理人员）	·视野开阔度 ·创新推动力	·对员工的影响力 ·对领导的影响力	17
高层管理者	·愿景具体化能力 ·变革推动力	·正视现实进行决策	14
组织及人力资源管理	·价值渗透 ·业务执行 ·场的建立 ·评估待遇	·人才培养和能力开发 ·晋升、晋级、安置或调任 ·招聘和录用	26
企业文化	·与组织目标相关的价值观 ·与业务执行相关的价值观	·推动变革的价值观 ·与人际关系相关的价值观	21
—	·有发展前途		3
	合计		110

参与调查企业简介

协助调研的 194 家企业的情况具体如下。

（1）有无上市（附图 A-1）。

未回答1%

未上市

39%

在东京证券交
易所市场一部
上市

54%

6%

在其他市场
上市

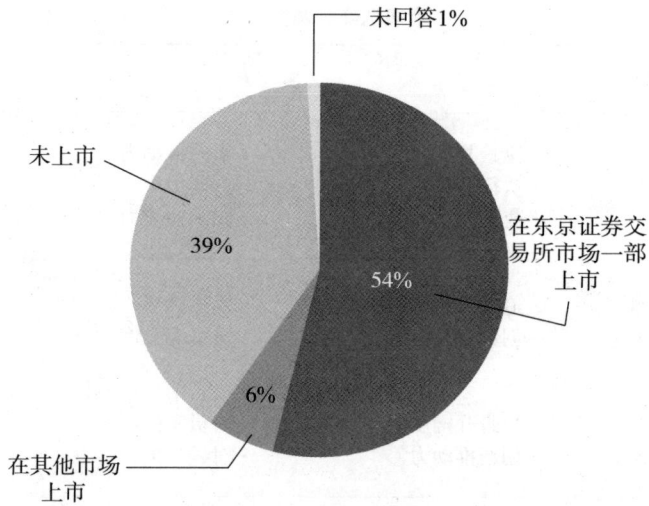

附图 A-1　协助调研的 194 家企业的情况（有无上市）

（2）企业创立时间（附图 A-2）。

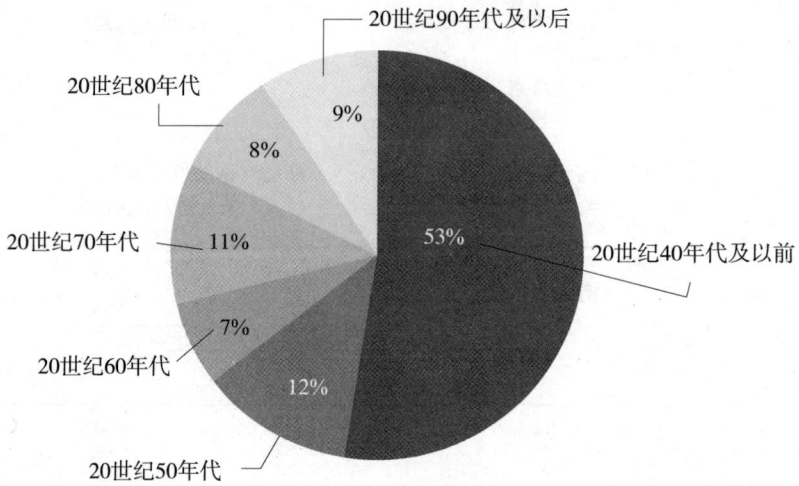

20世纪90年代及以后

20世纪80年代

9%

8%

20世纪70年代

11%

53%

20世纪40年代及以前

7%

20世纪60年代

12%

20世纪50年代

附图 A-2　协助调研的 194 家企业的情况（创立时间）

（3）员工规模（附图 A-3）。

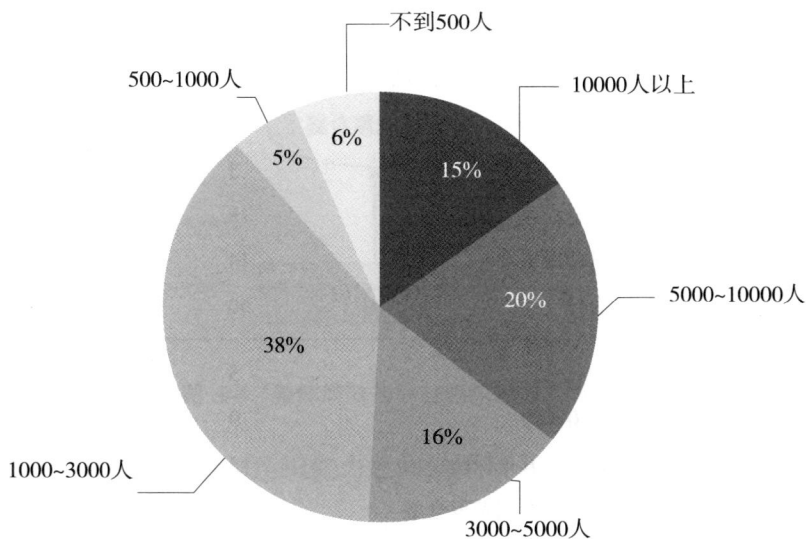

附图 A-3　协助调研的 194 家企业的情况（员工规模）

注：回答不到 1000 人的估计是受访者中的业务部门或分公司。

（4）主营业务类型（附表 A-2）。

附表 A-2　主营业务类型

行业分类		数量	占比
制造类	建筑、设备	6	3.1%
	机械、电气设备	29	14.9%
	食品、饮料	11	5.7%
	医药品	8	4.1%
	其他制造业	33	17.0%
	合计	87	44.8%
	运输、仓储、物流	9	4.6%

※ 销售额平均增长率

①使用了彭博社提供的相关销售数据。

②各年度的销售额增长率＝（本年度的销售额 − 上一年度的销售额）÷ 上一年度的销售额

- 例：2003 年度的销售额增长率＝（2003 年度销售额 −2002 年度销售额）÷2002 年度销售额

③计算 2003—2007 年度这 5 年间的销售额增长率的平均值。

- 各年度数据包括本年 4 月末决算企业到次年 3 月末决算企业的数据。例如，2003 年度的数据是指从 2003 年 4 月末到 2004 年 3 月末这一决算期内的数据。

- 如果该企业无法获得这 5 年内的全部数据，则该企业数据不纳入统计范围。

※ 平均 ROA

①使用了彭博提供的相关 ROA 数据。

- 定义：（最近 12 个月的净利润 / 损失 − 优先股现金分红）÷ 平均总资产

②计算 2003—2007 年度这 5 年间的平均资产回报率的平均值。

- 各年度数据包括本年 4 月末决算企业到次年 3 月末决算企业的数据。例如，2003 年度的数据是指从 2003 年 4 月末到 2004 年 3 月末这一决算期内的数据。

- 如果无法获得该企业这 5 年内的全部数据，则该企业数据不纳入统计范围。

※ 相对于 TOPIX 的股价上升率

①相对于 TOPIX 的股价上升率 = 股价上升率 ÷ TOPIX 上升率

②股价上涨率 =2008 年 3 月末的股价 ÷2003 年 3 月末的股价

③ TOPIX 上升率 =2008 年 3 月末的 TOPIX ÷ 2003 年 3 月末的 TOPIX

- 如果无法获得该企业这 5 年内的全部数据，则该企业数据不纳入统计范围。

（3）箭头中的数字是相关系数，这里的相关系数是标准化的相关系数，通常取 −1~+1 之间的数值，绝对值越大，表示影响力越大。

（4）*GFI*、*AGFI*、*RMEA*（模型的拟合度指标）。

GFI 和 *AGFI*：表示模型对数据预测的准确程度的指标，一般认为，如果这个指标在 0.9 以上，就表示模型很可靠。

RMSEA：这是一个去除模型复杂度影响，显示模型拟合度的指标。通常来说，如果该指标小于 0.08，则表明模型拟合度很好。

分析二：组织能力的构成

（1）与提高业务绩效直接相关的组织能力是执行与变革力。执行与变革力由执行力和变革力组成。

（2）采取行动的基础是愿景共享力。愿景共享力直接影响着执行与变革力，也对知识创造力产生影响。

（3）知识创造力通过执行与变革力对业绩产生影响，知识创造力包括横向推动力、沟通力和知识交流力。

与业绩提升有关的三种组织能力（协方差结构分析），见附图 A-6。

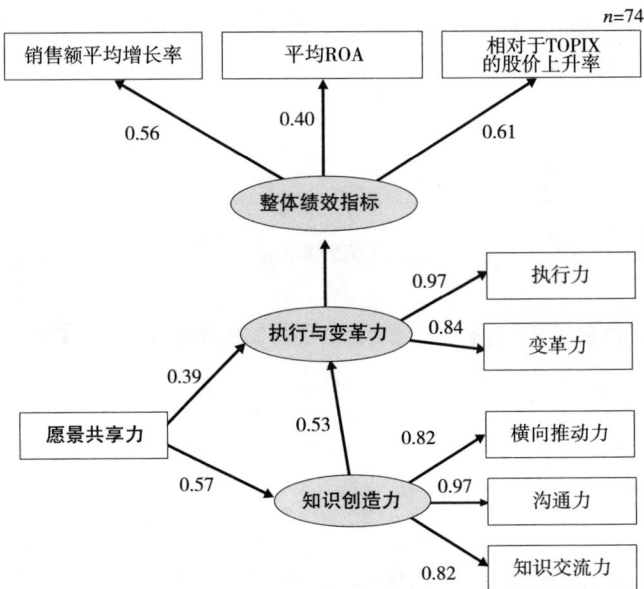

附图 A-6　与业绩提升有关的三种组织能力

注：1. 箭头上的数字为相关系数。
　　2. *GFI*=0.923，*AGFI*=0.856，*RMSEA*=0.055。

分析三：组织能力与管理资源之间的关联性

管理资源包括高层管理者、中层管理人员、普通员工和企业文化。管理资源和组织与人力资源管理都是企业的公共基础资源，与提升业绩的组织能力之间关系密切。

而组织和人力资源管理与管理资源的各部分，即高层管理者、中层管理人员、普通员工、企业文化之间也有着很强的关联性，如附图 A-7 所示。

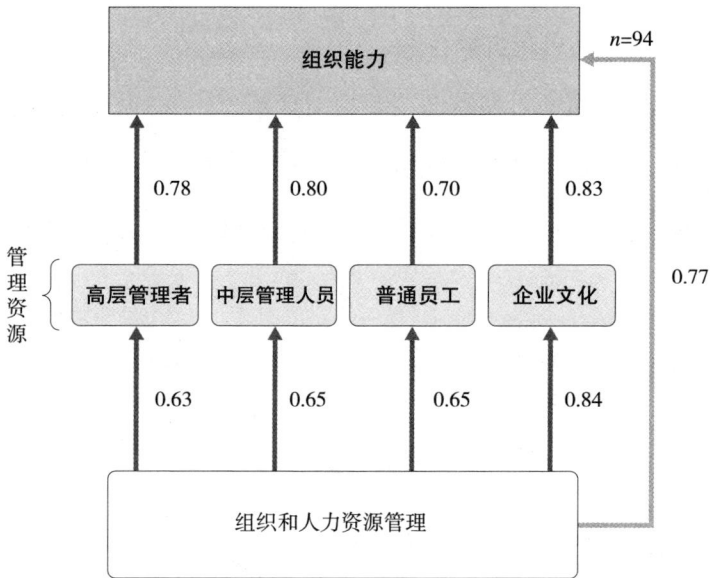

附图 A-7　组织和人力资源管理与管理资源各部分的关系

注：1. 箭头上的数字为相关系数。

　　2. 相关系数是表示两个变量之间存在多少线性关系的指标。数值为 –1 到 +1 之间，绝对值越大，表示两个变量之间关联越强。数值为正时，表示正相关（一个值增大时，另一个值也增大）；数值为负时，表示负相关（一个值增大时另一个值变小）。

统计结果：业绩优良企业的得分趋势

（1）统计结果：业绩优良企业的得分趋势（领域，见附表 A-3）。

附表 A-3 业绩优良企业的得分趋势（领域）

领 域	业绩优良企业平均值					
	30 家企业	1	2	3	4	5
组织能力	3.3					
人力资源（一般员工）	3.6					
人力资源（中层管理人员）	3.4					
高层管理者	3.7					
组织和人力资源管理	3.4					
企业文化	3.7					

（2）统计结果：业绩优良企业的得分趋势（要素，见附表 A-4）。

附表 A-4 业绩优良企业的得分趋势（要素）

领 域	要素	业绩优良企业平均值					
		30 家企业	1	2	3	4	5
组织能力	愿景共享力	3.4					
	执行力	3.4					
	变革力	3.4					
	横向推动力	3.2					
	沟通力	3.4					
	知识交流力	3.2					
人力资源（普通员工）	追求成果	3.6					
	创新行为	3.3					
	挑战欲望	3.6					
	员工满意度	3.8					

（续）

领　域	要素	业绩优良企业平均值					
		30 家企业	1	2	3	4	5
人力资源 （中层管理人员）	视野开阔度	3.4					
	创新推动力	3.2					
	对员工影响力	3.6					
	对领导影响力	3.2					
高层管理者	愿景具体化能力	4.0					
	变革推动力	3.7					
	正视现实进行决策	3.5					
组织和人力资源 管理	价值渗透	3.8					
	业务执行	3.4					
	场的建立	3.3					
	招聘和录用	3.4					
	人才培养和能力开发	3.5					
	晋升、晋级、安置或调任	3.2					
	评估待遇	3.3					
企业文化	与组织目标相关的价值观	4.1					
	推动变革的价值观	3.6					
	与业务执行相关的价值观	3.7					
	与人际关系相关的价值观	3.3					
—	有发展前途	3.8					

（3）统计结果：业绩优良企业的得分趋势（组织能力项目，见附表
A-5）。

附表 A-5　业绩优良企业的得分趋势（组织能力项目）

要　素	项　目	业绩优良企业平均值						
		30 家企业	1	2	3	4	5	
愿景共享力	1　不仅讨论和分享短期目标，还共同展望未来愿景	3.7						
	2　在决策时，不仅共享决策结果，还共享"为什么要做出这个决策"	3.1						
	3　定期交流每个部门在实现愿景方面的进展和付出	3.4						
执行力	4　决定的事项立即付诸实施	3.7						
	5　将决策进行分解，让大家明确具体该怎么做	3.5						
	6　对决定的事项，在没有取得成果之前坚持到底	3.3						
	7　回顾过去的成功经验和失败教训，加以总结，在下一次决策时作为参考	3.2						
变革力	8　在陷入危机之前，着眼未来，先一步进行企业转型	3.4						
	9　脱离过去经验和习惯的束缚，主动融入新思想，引入新政策	3.4						
	10　在整个企业范围内，不断进行业务优化	3.5						

（续）

要　素		项　目	业绩优良企业平均值					
			30 家企业	1	2	3	4	5
横向推动力	11	工作一线能够提出很多关于新的业务类型、新产品、新服务的建议	3.0					
	12	不管是哪个部门或系统下达的指示命令，在必要时可以随时向相关人员进行咨询或沟通	3.6					
	13	积极开展跨部门工作	3.0					
沟通力	14	管理层与员工之间建立信任关系	3.4					
	15	在有分歧的时候，大家能够不受年龄和职位限制畅所欲言，直到互相理解为止	3.1					
	16	工作上遇到困难的时候，能够互相商量，互相出主意	3.6					
知识交流力	17	关于职场的未来前景，同事之间会进行讨论	3.1					
	18	同事之间会相互交流彼此的成功体验和失败经历	3.3					
	19	同事之间的日常对话能够碰撞出很多新想法和新知识	3.3					

（4）统计结果：业绩优良企业的得分趋势（人力资源——普通员工项目，见附表 A-6）。

附表 A-6　业绩优良企业的得分趋势（人力资源——普通员工项目）

要　素	项　目		业绩优良企业平均值					
			30 家企业	1	2	3	4	5
追求成果	20	能够正视自己手头正在推进的工作	3.9				●	
	21	工作不会虎头蛇尾，能够经常对过去进行反思，并在下一步工作中改进	3.2			●		
	22	在推进工作时，能够站在客户的角度看待问题	3.8				●	
创新行为	23	不仅发表意见，也能带头行动	3.5			●		
	24	不拘泥于以往的做法，能够经常思考怎么做会更好	3.4			●		
	25	不会被眼前的工作淹没，而是能够从工作目标出发，对工作进行合理的排序	3.1			●		
挑战欲望	26	能够时刻关注公司内外的最新动向，开阔自己的视野	3.2			●		
	27	面对困难不逃避，坚持推进工作	3.9				●	
员工满意度	28	为自己是公司的一员而自豪	3.8				●	
	29	为现在所从事的工作感到自豪	3.8				●	

（5）统计结果：业绩优良企业的得分趋势（人力资源——中层管理人员项目，见附表 A-7）。

附表 A-7   业绩优良企业的得分趋势（人力资源——中层管理人员项目）

要　素		项　目	业绩优良企业平均值					
			30 家企业	1	2	3	4	5
视野开阔度	30	不仅关注与工作直接相关的事项，而且能够更广泛地关注社会的动向和趋势	3.5					
	31	关注市场和技术的中长期变化对自身工作的影响	3.5					
	32	始终按照公司的理念进行决策	3.7					
	33	不只局限于自己部门的事情，能用更广阔的视野来解决问题	3.2					
	34	不拘泥于企业的内部情况和惯例，能够站在客户的角度看待问题	3.5					
	35	能够整合企业内部和外部人员的意见，有效地解决问题	3.2					
创新推动力	36	积极分享其他部门的成功案例和典型做法	3.2					
	37	必要时不瞻前顾后，率先采取行动	3.2					
	38	不惧怕风险，敢于尝试新的挑战	3.1					

（续）

要　素		项　目	业绩优良企业平均值					
			30家企业	1	2	3	4	5
员工影响力	39	经常会与周围的人讨论公司、部门、自己管理团队未来将要实现的目标以及当前的"目标完成状态"	3.3					
	40	能够根据员工的情况分派任务，并给他们很好的提示和建议	3.8					
	41	希望员工能够坚持实现自身目标，不轻言放弃	3.8					
	42	向每名员工传达其负责业务的目的和意义	3.6					
	43	关心每名员工的成长	3.5					
领导影响力	44	向高层管理者传达客户和工作一线的最新动向	3.5					
	45	向高层管理者表达自己对公司和部门未来的意见	3.1					
	46	可以对高层管理者坦率直言	3.0					

（6）统计结果：业绩优良企业的得分趋势（人力资源——高层管理者项目，见附表 A-8）。

附表 A-8   业绩优良企业的得分趋势（人力资源——高层管理者项目）

要　素	项　目		业绩优良企业平均值					
		30 家企业	1	2	3	4	5	
愿景具体化能力	47	经常谈论管理理念和方针	4.1					
	48	在阐明愿景和政策时，能够说明其背景和意义	4.1					
	49	努力去实现愿景，履行政策	4.1					
	50	在进行决策时，不仅关注业绩的提升，还会考虑到企业在社会中所扮演的角色	3.8					
变革推动力	51	即使在业绩良好时，也能时刻保持危机感和问题意识	4.0					
	52	积极采纳新的建议	3.7					
	53	能够灵敏地感受到业务环境的变化，并积极应对	3.8					
	54	能够不受惯例和先前经验约束，大胆决策	3.6					
	55	决策迅速	3.5					
	56	能够着眼未来，为企业的发展奠定良好的基础	3.7					
正视现实进行决策	57	在全面掌握了工作一线的情况，倾听了来自一线的意见建议后，再进行决策	3.4					
	58	能够经常对所做决策的结果进行回顾，总结成功经验或失败教训	3.3					
	59	能够倾听逆耳忠言，针对所掌握的负面信息，彻底了解情况，并查明原因	3.5					
	60	管理层的决策能够获得员工的信任	3.5					

（7）统计结果：业绩优良企业的得分趋势（组织和人力资源管理项目，见附表 A-9）。

附表 A-9　业绩优良企业的得分趋势（组织和人力资源管理项目）

要　素		项　目	业绩优良企业平均值					
			30 家企业	1	2	3	4	5
价值渗透	61	能够用通俗易懂的语言阐述企业理念	4.2					
	62	构建了能够反映企业理念的人力资源管理制度	3.4					
业务执行	63	明确设定了组织目标和完成标准，并对完成度进行严格要求	3.6					
	64	不仅有评价成果的机制，还构建了能够正确评价工作过程的机制	3.4					
	65	构建了能对新的提案和大胆创新进行评价的机制	3.3					
场的建立	66	有供员工共享成功和失败案例的场所（会议、网络等）	3.1					
	67	有供全体员工共享包括管理信息在内的公司内部信息的场所（会议、网络等）	3.7					
	68	有跨职务、跨部门进行讨论的场所（会议、网络等）	2.9					
	69	各层级的权力都能下放	3.2					
	70	根据外部环境的变化和业务战略方向的转移，及时进行组织的重组	3.5					

（续）

要　素		项　目	业绩优良企业平均值					
			30家企业	1	2	3	4	5
招聘和 录用	71	在录用人才时，注重与本公司的企业文化和价值观相匹配	3.4					
	72	明确了录用人才的要求	3.4					
	73	在人才招聘过程中，投入了充足的管理资源	3.3					
人才培养 和能力 开发	74	在进行员工能力开发时，不仅注重OFF-JT（脱岗集中培训），也注重OJT（在职培训）	3.9					
	75	给员工提供在必要时能够学习必要知识和技能的机会和机制	3.6					
	76	系统培养下一代管理者	3.2					
	77	不论经营环境如何变化，都保持对人才培养的投资	3.5					
晋升、晋 级、安置 或调任	78	持续对人才进行提拔	3.4					
	79	在人员安置或调任时，充分考虑个人的成长和能力的发挥	3.4					
	80	在人员安置或调任时，充分考虑个人价值观及工作风格的多样性	3.2					
	81	根据外部环境的变化和业务战略方向的转移，战略性地进行人员安置或调任	3.3					
	82	经常进行跨部门的人事调动	2.9					

（续）

要　素		项　目	业绩优良企业平均值					
			30 家企业	1	2	3	4	5
评估待遇	83	有明确的确定待遇的程序，且能公正彻底地执行	3.2					
	84	可以通过面谈等方式充分听取员工对评估结果及原因的反馈	3.6					
	85	对取得优良业绩的组织和个人，除了给予物质奖励，还有其他类型的奖励	3.5					
	86	专业性人才的待遇和薪酬与组织负责人相同或更高	3.0					

（8）统计结果：业绩优良企业的得分趋势（企业文化项目，见附表A-10）。

附表 A-10　业绩优良企业的得分趋势（企业文化项目）

要　素		项　目	业绩优良企业平均值					
			30 家企业	1	2	3	4	5
与组织目标相关的价值观	87	倾听客户的声音	4.0					
	88	追求效益	4.2					
	89	自觉承担社会责任	4.0					
	90	重视事业的长期发展	4.0					
推动变革的价值观	91	拥有创新和变革的欲望	3.6					
	92	善于改进	3.8					
	93	反复试错	3.2					
	94	灵活应对当前状况	3.7					
	95	迅速行动	3.7					

（续）

要　素	项　目		业绩优良企业平均值					
			30 家企业	1	2	3	4	5
与业务执行相关的价值观	96	实现目标	4.2					
	97	提高工作效率	3.8					
	98	脚踏实地展开行动	3.8					
	99	坚持到底	3.8					
	100	严格评估结果	3.4					
	101	关注工作过程，并进行准确评价	3.3					
	102	合理推进工作	3.6					
与人际关系相关的价值观	103	互相之间严格要求，共同成长	3.0					
	104	各个组织、个人之间互相协作	3.5					
	105	换位思考之后，做出决定	3.3					
	106	有作为一个团队的整体感	3.6					
	107	能够活用各种各样的人才	3.3					

（9）统计结果：业绩优良企业的得分趋势（有发展前途项目，见附表A-11）。

附表 A-11　业绩优良企业的得分趋势（有发展前途项目）

要　素	项　目		业绩优良企业平均值					
			30 家企业	1	2	3	4	5
有发展前途	108	能够成长和发展	3.8				●	
	109	能够很好地应对环境变化，并赢得竞争	3.8				●	
	110	能够得到客户和社会的高度评价	3.8				●	

关于"提升业绩的组织能力与组织人才管理调查"的调查问卷

・本调查问卷是由招聘管理解决方案组织行动研究所制作的，目的是对"提升业绩的组织能力与组织人才管理调查"进行研究。

调查问卷的结果经统计分析后，将作为调查结果进行公布。

・调查问卷是匿名填写的，不会泄露个人信息。

调查问卷的答案会经过统计处理，不会透漏个人所选答案，所以请实事求是地进行作答。

谢谢您的合作。

注意事项：

◇ 按照每一页开头的说明完成您的作答。

◇ 根据问题的不同，选项可能有所不同，请注意审题。

◇ 请使用深色、易于识别的书写工具在本问卷中直接写下您的答案。

◇ 建议回答时间为 20~30 分钟。

◇ 作答完毕后，请按照指引提交问卷。

参与回答本次调查问卷的组织单位：

□公司全体

□分公司、业务部门

请在正式回答前，确定参与问卷回答的单位，并勾选上述选择框。

如果贵公司参与回答的单位是分公司或业务部门，以下问题中出现的"公司"指的就是"分公司或业务部门"。

回答之前请阅读以下说明

对于接下来的题目，请勾选最符合贵公司实际的一个选项；

另外，该问卷的回答结果仅用于统计，不会对个人造成影响。

（1）工种（兼职人员请选择一个主要职务进行回答）

　　□ 1. 人力资源管理　　□ 2. 企业策划

　　□ 3. 总务管理　　□ 4. 市场营销

　　□ 5. 财务、会计　　□ 6. 研究开发

　　□ 7. 采购、物流　　□ 8. 售后服务

　　□ 9. 经商　　□ 10. 生产

　　□ 11. 系统规划、管理　　□ 12. 其他（　）

（2）职务

　　□ 1. 高层管理者　　□ 2. 董事、业务部长

　　□ 3. 部门总监、副总监　　□ 4. 业务主管

　　□ 5. 组长　一般　　□ 6. 其他（　）

Ⅰ.我们想了解一下<u>贵公司员工的特点</u>。对于每个问题，请选择最符合贵公司情况的答案，并圈选相应的数字。

＊如果参与作答的是分公司或业务部门，请您将问题中的"公司"替换成为"分公司或业务部门"，并按照"分公司或业务部门"员工的情况进行作答。

选项：1—不符合；2—总的来说不符合；3—模棱两可；4—总的来说符合；5—完全符合。

1. 能够正视自身所从事的工作	1 2 3 4 5
2. 不仅发表意见，也能带头行动	1 2 3 4 5
3. 工作不会虎头蛇尾，能够经常对过去进行反思，并在下一步工作中改进	1 2 3 4 5
4. 在推进工作时，能够站在客户的角度看待问题	1 2 3 4 5
5. 不拘泥于以往的做法，能够经常思考怎么做会更好	1 2 3 4 5
6. 不会被眼前的工作淹没，而是能够从工作目标出发，对工作进行合理的排序	1 2 3 4 5
7. 能够时刻关注公司内外的最新动向，开阔自己的视野	1 2 3 4 5
8. 面对困难不逃避，坚持推进工作	1 2 3 4 5
9. 为自己是公司的一员而自豪	1 2 3 4 5
10. 为现在所从事的工作感到自豪	1 2 3 4 5

Ⅱ. 我们想了解一下<u>贵公司中层管理人员的特点</u>。对于每个问题，请选择最符合贵公司情况的答案，并圈选相应的数字。

* 如果参与作答的是分公司或业务部门，请您将问题中的"公司"替换成为"分公司或业务部门"，并按照"分公司或业务部门"中层管理人员的情况进行作答。

选项：1—不符合；2—总的来说不符合；3—模棱两可；4—总的来说符合；5—完全符合。

1. 不但关注与工作直接相关的事项，而且能够更广泛地关注社会的动向和趋势	1 2 3 4 5
2. 关注市场和技术的中长期变化对自身工作的影响	1 2 3 4 5
3. 始终按照公司的理念进行决策	1 2 3 4 5
4. 不只局限于自己部门的事情，能统观全局解决问题	1 2 3 4 5
5. 不拘泥于企业的内部情况和惯例，能够站在客户的角度看待问题	1 2 3 4 5
6. 能够整合企业内部和外部人员的意见并有效地解决问题	1 2 3 4 5
7. 积极分享其他部门的成功案例和典型做法	1 2 3 4 5
8. 必要时不瞻前顾后，率先采取行动	1 2 3 4 5
9. 不惧怕风险，敢于尝试新的挑战	1 2 3 4 5
10. 经常会与周围的人讨论公司、部门、自己管理团队未来将要实现的目标以及当前的"目标完成状态"	1 2 3 4 5
11. 能够根据员工的情况分派任务，并给他们很好的提示和建议	1 2 3 4 5
12. 希望员工能够坚持实现自身目标不放弃	1 2 3 4 5
13. 向每名员工传达其负责业务的目的和意义	1 2 3 4 5
14. 关心每名员工的成长	1 2 3 4 5
15. 向高层管理者传达客户和工作一线的最新动向	1 2 3 4 5
16. 向高层管理者表达自己对公司和部门未来的意见	1 2 3 4 5
17. 对高层管理者可以坦率直言	1 2 3 4 5

Ⅲ. 我们想了解一下<u>贵公司高层管理者的特点</u>。对于每个问题，请选择最符合贵公司情况的答案，并圈选相应的数字。

* 如果参与作答的是分公司或业务部门，请您将问题中的"公司"替换成为"分公司或业务部门"，并按照"分公司经理或业务部长"的情况进行作答。

选项：1—不符合；2—总的来说不符合；3—模棱两可；4—总的来说符合；5—完全符合。

1. 经常谈论管理理念和方针	1 2 3 4 5
2. 在阐明愿景和政策时，能够说明其背景和意义	1 2 3 4 5
3. 努力去实现愿景，履行政策	1 2 3 4 5
4. 在做出决策时，不仅关注业绩的提升，还会考虑到企业在社会上所扮演的角色	1 2 3 4 5
5. 即使在业绩良好时，也能时刻保持危机感和问题意识	1 2 3 4 5
6. 积极采纳新的建议	1 2 3 4 5
7. 能够灵敏地感受到业务环境的变化，并积极做出应对措施	1 2 3 4 5
8. 能够不受惯例和先前经验的约束，大胆做出决策	1 2 3 4 5
9. 决策迅速	1 2 3 4 5
10. 能够着眼未来，为企业的发展奠定良好的基础	1 2 3 4 5
11. 在全面掌握了工作一线的情况，倾听了来自一线的意见建议后，再做出决策	1 2 3 4 5
12. 能够经常对所做决策的结果进行回顾，总结成功经验或失败教训	1 2 3 4 5
13. 能够倾听忠言逆耳，针对所掌握的负面信息，彻底了解情况并查明原因	1 2 3 4 5
14. 管理层的决策能够获得员工的信任	1 2 3 4 5

Ⅳ.①我们想了解一下<u>贵公司的特点</u>。对于每个问题，请选择最符合贵公司情况的答案，并圈选相应的数字。

* 如果参与作答的是分公司或业务部门，请您将问题中的"公司"替换成为"分公司或业务部门"。

选项：1—不符合；2—总的来说不符合；3—模棱两可；4—总的来说符合；5—完全符合。

1. 不仅讨论和分享短期目标，还共同展望未来愿景	1 2 3 4 5
2. 在决策时，不仅共享决策结果，还共享"为什么要做出这个决策"	1 2 3 4 5
3. 定期交流每个部门在实现愿景方面的进展和付出	1 2 3 4 5
4. 能将决定的事项立即付诸实施	1 2 3 4 5
5. 将决策进行分解，让大家明确具体该怎么做	1 2 3 4 5
6. 对决定的事项，在没有取得成果之前，坚持到底	1 2 3 4 5
7. 回顾过去的成功经验和失败教训，加以总结，作为下一次决策的参考	1 2 3 4 5
8. 在陷入危机之前，着眼未来，先一步进行企业转型	1 2 3 4 5
9. 脱离过去经验和习惯的束缚，主动融入新思想，引入新政策	1 2 3 4 5
10. 在整个企业范围内，不断进行业务优化	1 2 3 4 5
11. 工作一线能够提出很多关于新的业务类型、新产品、新服务的建议	1 2 3 4 5
12. 不管是哪个部门或系统下达的指示命令，在必要时，可以随时向相关人员进行咨询或沟通	1 2 3 4 5
13. 积极开展跨部门工作	1 2 3 4 5
14. 管理层与员工之间建立信任关系	1 2 3 4 5
15. 关于职场的未来前景，同事之间会进行讨论	1 2 3 4 5
16. 同事之间会相互交流彼此的成功经验和失败教训	1 2 3 4 5
17. 同事之间的日常对话能够碰撞出很多新想法和新知识	1 2 3 4 5
18. 在产生分歧时，大家能够不受年龄和职位的限制而畅所欲言，直到互相理解为止	1 2 3 4 5
19. 工作上遇到困难的时候，能够互相商量，互相出主意	1 2 3 4 5

②您对公司的未来有何展望？对于每个问题，请选择最符合贵公司情况的答案，并圈选相应的数字。

* 如果参与作答的是分公司或业务部门，请您将问题中的"公司"替换成为"分公司或业务部门"。

选项：1—不这么认为；2—总的来说不认可；3—不确定；4—总体来说是这样；5—确实如此。

1. 能够成长和发展	1 2 3 4 5
2. 能够很好地应对环境变化并赢得竞争	1 2 3 4 5
3. 能够得到客户和社会的高度评价	1 2 3 4 5

Ⅴ. 我们想了解一下<u>贵公司在组织和人力资源管理方面的现状</u>。对于每个问题，请选择最符合贵公司情况的答案，并圈选相应的数字。

* 如果参与作答的是分公司或业务部门，请您将问题中的"公司"替换成为"分公司或业务部门"，并按照"分公司或业务部门"的组织和人力资源管理状况进行作答。

选项：1—不符合；2—总的来说不符合；3—模棱两可；4—总的来说符合；5—完全符合。

1. 能够用通俗易懂的语言阐述企业理念	1 2 3 4 5
2. 构建了能够反映企业理念的人力资源管理制度	1 2 3 4 5
3. 明确设定了组织目标和完成标准，并对完成度进行严格要求	1 2 3 4 5
4. 不仅有评价成果的机制，还构建了能够正确评价工作过程的机制	1 2 3 4 5
5. 构建了能对新建议和大胆创新进行评价的机制	1 2 3 4 5
6. 有供员工共享成功和失败案例的场所（会议、网络等）	1 2 3 4 5
7. 有供全体员工共享包括管理信息在内的公司内部信息的场所（会议、网络等）	1 2 3 4 5
8. 有跨职务、跨部门进行讨论的场所（会议、网络等）	1 2 3 4 5
9. 各层级的权力都能下放	1 2 3 4 5
10. 及时进行重组以响应外部环境的变化和战略方向的转移	1 2 3 4 5
11. 在录用人才时，注重与本公司的企业文化和价值观相匹配	1 2 3 4 5
12. 明确了录用人才的要求	1 2 3 4 5
13. 在人才招聘过程中，投入了充足的管理资源	1 2 3 4 5
14. 在进行员工能力开发时，不仅注重脱岗集中培训（OFF-JT），也注重在职培训（OJT）	1 2 3 4 5
15. 给员工提供在必要时能够学习必要知识和技能的机会和机制	1 2 3 4 5
16. 系统培养下一代管理者	1 2 3 4 5
17. 不论经营环境如何变化，都保持对人才培养的投资	1 2 3 4 5
18. 持续对人才进行提拔	1 2 3 4 5

19. 在人员安置或调任时，充分考虑个人的成长和能力的发挥   1 2 3 4 5

20. 在人员安置或调任时，充分考虑个人价值观及工作风格的多样性   1 2 3 4 5

21. 根据外部环境的变化和战略方向的转移，从战略角度进行人员的安置和调任   1 2 3 4 5

22. 经常进行跨部门的人事调动   1 2 3 4 5

23. 有明确的确定待遇的程序，且能公正彻底地执行   1 2 3 4 5

24. 可以通过面谈等方式充分听取员工对评估结果及原因的反馈   1 2 3 4 5

25. 对取得优良业绩的组织和个人，除了给予物质奖励，还有其他类型的奖励   1 2 3 4 5

26. 专业性人才的待遇和薪酬与组织负责人相同或更高   1 2 3 4 5

Ⅵ. 我们想了解一下<u>贵公司的企业文化等关于公司价值观方面的问题</u>。对于每个问题，请选择最符合贵公司情况的答案，并圈选相应的数字。

* 如果参与作答的是分公司或业务部门，请您按照"分公司或业务部门"的企业文化等价值观情况进行回答。

选项：1—不重视；2—总的来说不算重视；3—不确定；4—总的来说还算重视；5—很重视。

1. 倾听客户的声音	1 2 3 4 5
2. 追求效益	1 2 3 4 5
3. 自觉承担社会责任	1 2 3 4 5
4. 重视事业的长期发展	1 2 3 4 5
5. 拥有创新和变革的欲望	1 2 3 4 5
6. 善于改进	1 2 3 4 5
7. 反复试错	1 2 3 4 5
8. 灵活应对当前状况	1 2 3 4 5
9. 迅速行动	1 2 3 4 5
10. 实现目标	1 2 3 4 5
11. 提高工作效率	1 2 3 4 5
12. 脚踏实地展开行动	1 2 3 4 5
13. 坚持到底	1 2 3 4 5
14. 严格评估结果	1 2 3 4 5
15. 关注工作过程，并进行准确评价	1 2 3 4 5
16. 合理推进工作	1 2 3 4 5
17. 互相之间严格要求，共同成长	1 2 3 4 5
18. 各个组织、个人之间互相协作	1 2 3 4 5
19. 换位思考之后做出决定	1 2 3 4 5
20. 有作为一个团队的整体感	1 2 3 4 5
21. 能够活用各种各样的人才	1 2 3 4 5

请回答以下与"提升业绩的组织能力以及组织和人力资源管理"相关的统计、分析等组织信息

·本次调查所掌握的关于组织信息的答案会经过统计分析处理，仅用作调查、研究，不会公布个人和企业所选的答案，请如实作答。

参与回答本次调查问卷的组织单位：

□公司全体

□分公司、业务部门

请在正式回答前，确定参与问卷回答的单位，并勾选上述选择框。

如果贵公司参与回答的单位是分公司或业务部门，以下问题中出现的"公司"指的就是"分公司或业务部门"。

A. 请按照上面所勾选的组织单位进行作答。

A1. 请选择符合贵公司概况的选项并进行圈选。

A1-1. 主营业务类型

1. 建筑设备　　　2. 机械、电气设备　　　3. 食品

4. 医药品　　　　5. 其他制造业　　　　　6. 运输、仓储、物流

7. 贸易　　　　　8. 百货店　　　　　　　9. 超市、便利店

10. 其他零售　　　11. 金融保险类　　　　　12. 房地产

13. 通信　　　　　14. 信息处理、软件　　　15. 其他服务业

16. 以上选项之外的其他行业（　　　）

A1-2. 创立时间

1. 1940 年以前　　2. 20 世纪 50 年代　　3. 20 世纪 60 年代

4. 20 世纪 70 年代 5. 20 世纪 80 年代　　6. 20 世纪 90 年代

7. 2000 年之后

A1-3. 员工规模

1. 不到 500 人　　2. 500~1000 人　　　3. 1000~3000 人

4. 3000~5000 人　5. 5000~10000 人　　6. 10000 人以上

A1-4. 公司员工的平均年龄

1. 20 岁以下　　　2. 20~29 岁　　　　3. 30~39 岁

4. 40~49 岁　　　5. 50 岁以上

A1-5. 最近一年员工的离职率（不包括退休人员）

1. 不到 2%　　　　2. 2%~5%　　　　3. 5%~10%

4. 10%~15%　　　5. 15% 以上

A1-6. 正式员工中担任课长以上组织负责人的比例

1. 不到 3%　　　　2. 3%~5%　　　　3. 5%~10%

4. 10%~20%　　　5. 20% 以上

A2. 请圈选符合贵公司状况的选项。

A2-1. 销售额（过去 3~5 年）？

1. 高于业界平均水平　　2. 总的来说略高于业界平均水平

3. 与业界平均水平持平　4. 总的来说略低于业界平均水平

5. 低于业界平均水平　　6. 不了解

A2-2. 利润（过去 3~5 年）？

1. 高于业界平均水平　　　　2. 总的来说略高于业界平均水平

3. 与业界平均水平持平　　　4. 总的来说略低于业界平均水平

5. 低于业界平均水平　　　　6. 不了解

A2-3. ROA（过去 3~5 年）？

1. 高于业界平均水平　　　　2. 总体来说略高于业界平均水平

3. 与业界平均水平持平　　　4. 总的来说略低于业界平均水平

5. 低于业界平均水平　　　　6. 不了解

A2-4. 境外销售额所占比率（最近 1 年）？

1. 不到 10%　　　2. 10%~30%　　　3. 30%~50%

4. 50% 以上　　　5. 不了解

A2-5. 贵公司的主营业务主要倾向于采取哪种战略？

1. 高附加值战略　　2. 低成本战略

B. 以下问题，请贵公司基于公司整体进行作答。

B1. 贵公司国外资本持股比例（最近 1 年）？

1. 不到 10%　　　2. 10%~30%　　　3. 30%~50%

4. 50% 以上　　　5. 不了解

B2. 贵公司上市情况？

1. 在东京证券交易所市场 1 部上市　　2. 在其他交易所上市　　3. 未上市

B3. 最近几年贵公司的经营战略有哪些？请圈选所有符合条件的选项。

1. 业务类型集中化　　　　2. 业务类型多元化　　　3. 企业兼并、联盟

4. 全球化　　　　　　　5. 其他（　　）

附录 B 基于"DNA 调查"得出的分析结果

下面是业绩最好的 10 家企业和业绩最差的 10 家企业在"DNA 调查"中所选择的关键词。

- DNA 调查：以问卷调查的形式，为公司员工提供 160 个诸如"激情""小心谨慎""逻辑性"等关键词（形容词或短句），让企业员工从中选择符合自己公司特征的关键词。将 160 个关键词分成 12 个维度，以此展现企业的企业文化。

- 分析内容：从可以获得财务数据的约 50 家企业中，分别选择业绩最好的 10 家企业和业绩最差的 10 家企业，并对他们所选的符合自己公司 DNA（与公司实际情况相近）的关键词和标准进行分析（见附表 B-1）。

附表 B-1 DNA 调查业绩最好和业绩最差的 10 家企业的关键词

业绩最好的 10 家企业		标准	业绩最差的 10 家企业	
关键词	企业数		关键词	企业数
认真	10		认真	9
勤勉	8		勤勉	7
诚实	8		诚实	5
努力	7		努力	6
竭尽全力	8	坚持到底的责任感和诚实		
责任感强	8			
永不放弃	5			
强烈的客户导向	5			
有道德	5			

（续）

业绩最好的 10 家企业		标准	业绩最差的 10 家企业	
关键词	企业数		关键词	企业数
扎实、实实在在	8		扎实的、实实在在	5
有常识	7		有常识	5
稳健	8	踏踏实实、		
可靠	6	稳定地执行任务		
遵守纪律	6			
慎重	5			
小心谨慎	5			
重视秩序	5			
重视珍惜员工	7		重视珍惜员工	6
和睦	5		和睦	7
		相互关怀和温情	温情	7
			心情舒畅	6
			会照顾人	5
			富有同情心	5
互相协作	7	强烈的团队协作意识	协调的	5
畅所欲言	8		畅所欲言	6
心直口快	7	开放的交流环境	心直口快	7
坦率	6		坦率	5
有专业意识	8		有匠人气质	7
讲究	7	追求高度的		
寻求自我发展	5	专业性		
专业性强	5			
包容性强	7	尊重自由与个性		
尊重个性	7			
有紧张感	5	通过严格管理与		
获得锤炼	5	竞争促进成长		

（续）

业绩最好的 10 家企业		标准	业绩最差的 10 家企业	
关键词	企业数		关键词	企业数
充满挑战精神	5	有实现理想的欲		
有面对困难的勇气	5	望和热情		
讲道理	5	强调理性判断和逻辑性		
灵活	5	灵活应对变化		

注：1.此处列举了业绩最好的 10 家企业和业绩最差的 10 家企业中各有 5 家以上的企业选择过的关键词，以及该企业内 30% 以上的员工选择过的关键词。

2.阴影部分是业绩最好的 10 家企业和业绩最差的 10 家企业共同选择过的关键词。

3.业绩数据使用的是股票回报率（1991 年 12 月—2006 年 12 月股票价格的年平均增长率）。

附录 C　使用 Recruit Works 研究所 "2005 年人力资源管理调查" 数据得出的分析结果

"2005 年人力资源管理调查" 中与业绩相关的项目

·人力资源管理调查：针对日本处于行业领先企业的问卷调查，涉及 "人力资源管理的基本思想""人力资源制度和政策的实际情况"和"人力资源应用方面的优缺点"。

·分析内容：我们分析了大约 90 家可获得财务数据的企业问卷反馈结果，研究其结果与业绩之间的关系，如附表 C-1 所示。

附表 C-1　人力资源管理调查中与业绩相关的项目

人力资源管理调查分类	序号	与业绩有关的提问项目		相关系数
		A	B	
理念、愿景	1	理念、愿景在全体员工中渗透、共享	本公司的理念和理想并没有渗透到所有员工中	−0.232
	2	理念、愿景对人力资源管理政策和措施有很大影响	理念、愿景对人力资源管理政策和措施基本没有影响	−0.217
组织的形式	3	本公司的社长和员工是自上而下型	本公司的社长和员工是重视合议型	−0.231
	4	在重要的决策中，要花足够的时间，慎重仔细地检查	即使在重要的决策中，也重视速度，立即做出决定	0.245
	5	跨组织、跨部门的工作频繁出现	跨组织、跨部门的工作基本不会出现	−0.248
	6	决策需要层层批准	经常出现决策越级审批的情形	0.294

（续）

人力资源管理 调查分类	序号	与业绩有关的提问项目		相关系数
		A	B	
组织的形式	7	现场发起的关于新业务、新产品、新服务的提案非常多	基本没有现场发起的关于新业务、新产品、新服务的提案	−0.200
	8	跨部门的人事调动非常频繁	跨部门的人事调动非常少	−0.228
工作场所沟通特性	9	每天都频繁出现教授、听取知识、信息、成功案例的事情	每天不常出现教授、听取知识、信息、成功案例的事情	−0.264
人力资源管理的基本理念	10	业绩恶化时也不进行裁员	业绩恶化时必然会进行裁员	−0.294
录用	11	想要留住的人才大多会辞职	想要留下的人才基本不会辞职	0.331
事业支持	12	企业会支持每个人开发自己的职业生涯	由员工自己负责自身的职业生涯	−0.237
	13	为了使自己的工资达到某种水平，就必须担任组织领导职务	有和组织领导职务相同甚至更高待遇的其他工作岗位	0.221

注：1. 该表是根据可以获得财务数据的约 90 家企业在"2005 年人力资源管理调查"中的问卷填报结果，分析其与业绩数据之间的关联性。该表只提取了对分析有意义的相关项目。

2. 业绩数据使用了股票收益率，即 1974 年 12 月至 2006 年 12 月的股票价格的年平均增长率。

3. 表格中对业绩提升有意义的项目用阴影标出。相关系数为负的表示与项目 A 存在关联性，相关系数为正的表示与项目 B 之间存在关联性。相关系数以 5% 的基准进行核定（采样数 90，相关系数 0.207 以上）。

附录 D 持续成长型企业的股票收益率走势图

持续成长型企业名单

- 日本揖斐电株式会社（IBIDEN）
- 花王株式会社
- 佳能株式会社
- 信越化学工业株式会社
- 武田药品工业株式会社（武田）
- 丰田汽车株式会社（丰田）
- 本田技研工业株式会社（本田）
- 村田制作所株式会社
- 雅玛多控股株式会社（雅玛多）

以上企业及其竞争对手的股票收益率走势图见附图 D-1 至附图 D-7。

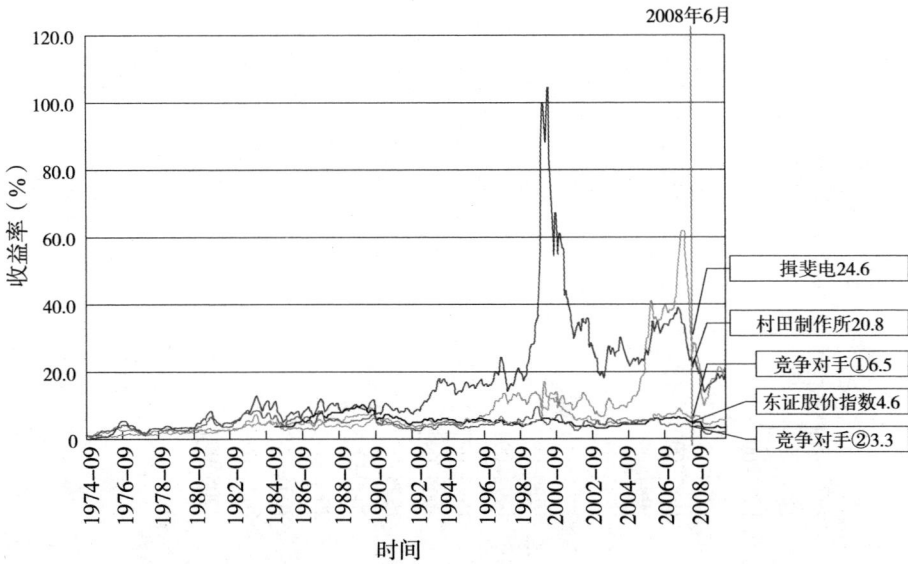

附图 D-1　揖斐电和村田制作所及其竞争对手的股票收益率走势

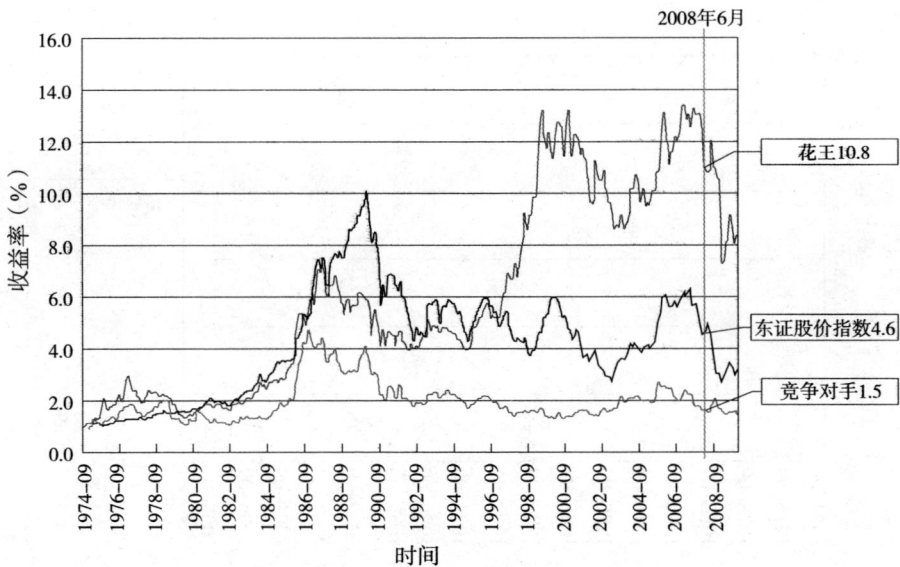

附图 D-2　花王株式会社及其竞争对手的股票收益率走势

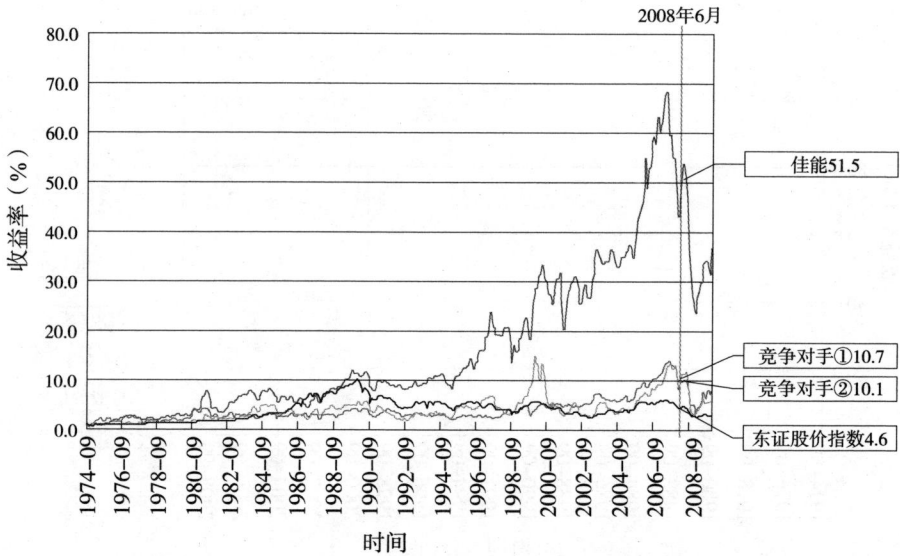

附图 D-3　佳能株式会社及其竞争对手的股票收益率走势

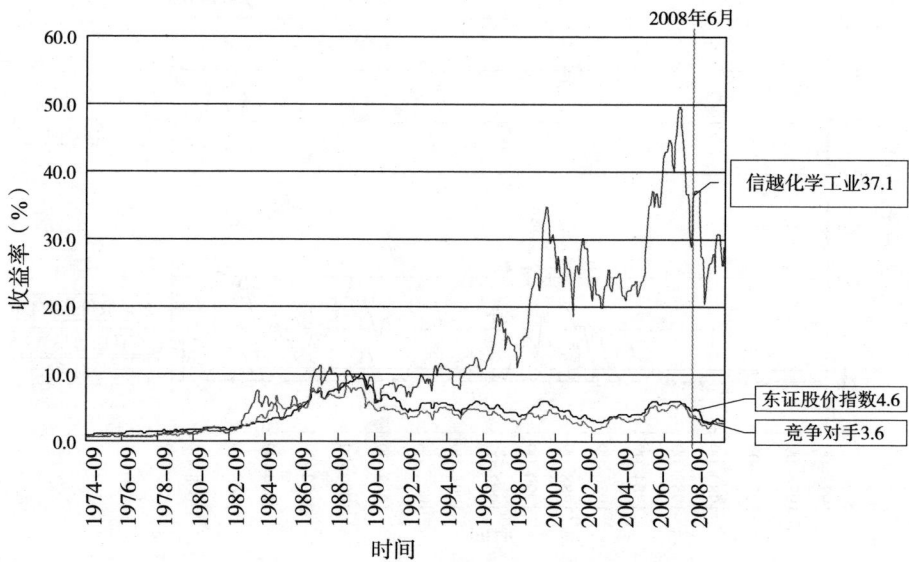

附图 D-4　信越化学工业株式会社及其竞争对手的股票收益率走势

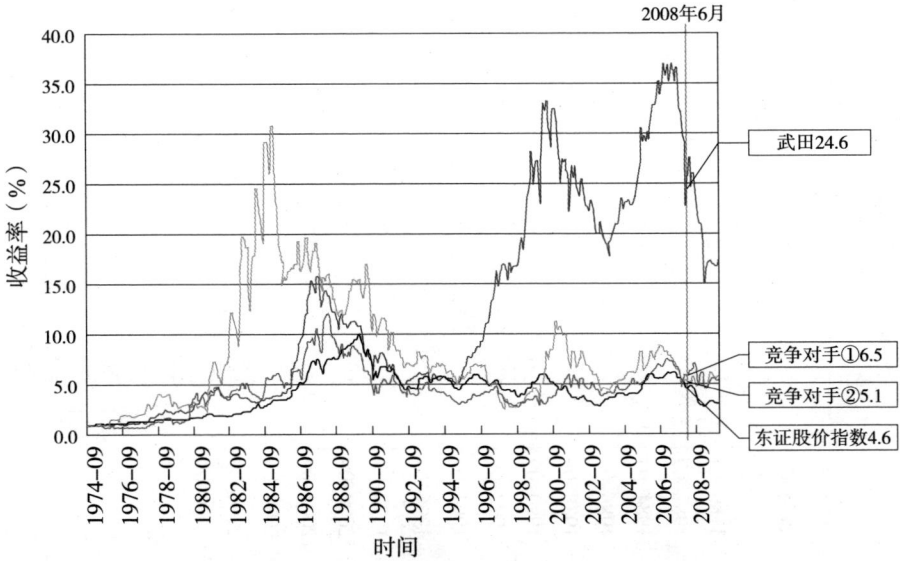

附图 D-5 武田及其竞争对手的股票收益率走势

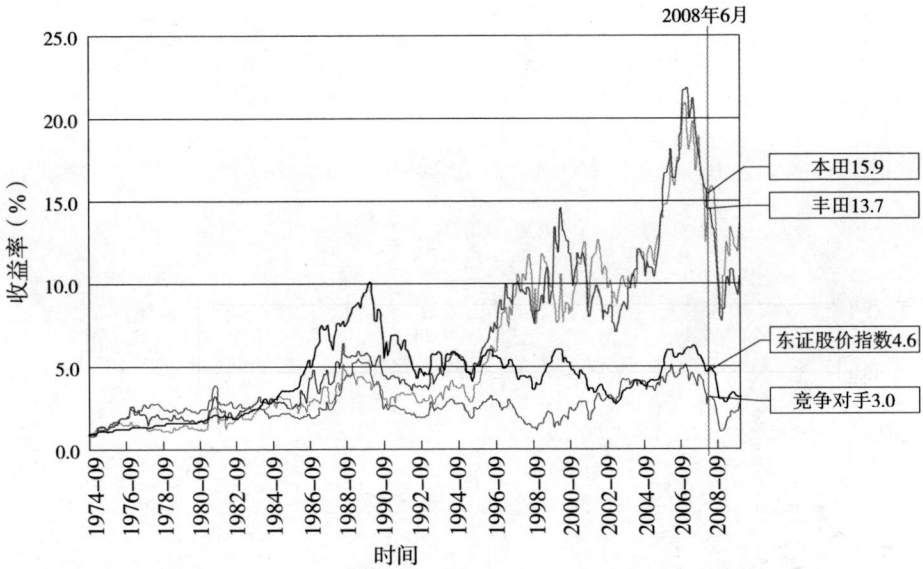

附图 D-6 丰田和本田及其竞争对手的股票收益率走势

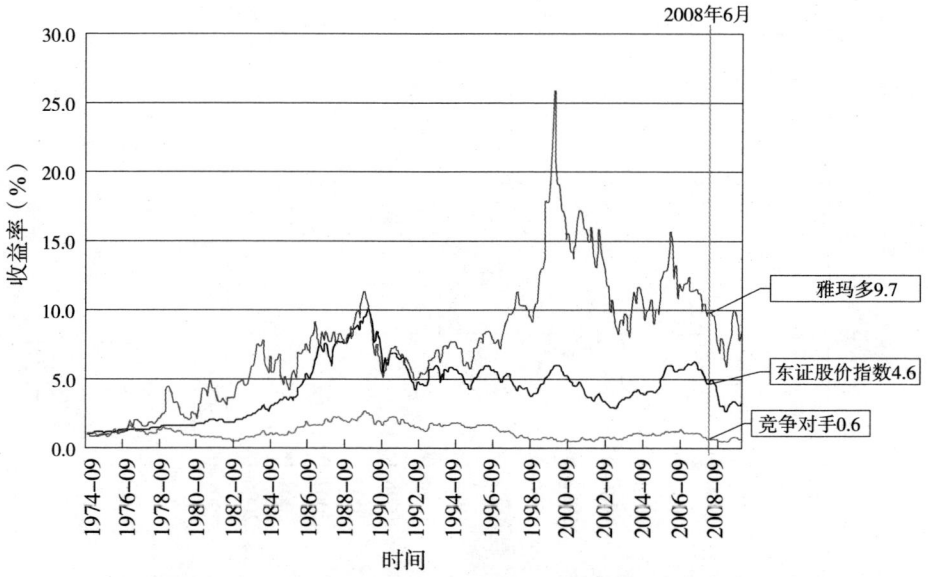

附图 D-7 雅玛多控股及其竞争对手的股票收益率走势

结语

    2007 年，我们开始依托招聘管理解决方案组织行动研究所，对持续成长型企业进行研究。对于把"发挥组织和个人能力"当作公司任务的我们来说，这项研究作为招聘管理的解决方案，是一项不得不进行的研究。我非常幸运成为该研究项目的成员之一。

    在进行该项研究的过程中，我们很幸运，也很遗憾。幸运的是，我们能够与一桥大学野中郁次郎名誉教授等有识之士交换意见，野中郁次郎教授主持了整个研究并担任了本书的主编。遗憾的是，随着世界性金融风暴的到来，日本企业的业绩急剧恶化。特别是受到雷曼兄弟破产的冲击，日本各行业陷入萎靡，日本企业一些引以为豪的优点被掩盖，这让我们感到了一种危机感，唯恐即将完成的研究成果被埋没。

    即使在这种情况下，我们依然决定继续踏踏实实地做好这项研究，并将截至目前的研究成果通过本书进行暂时的总结。

    本书得以完成离不开大家的大力支持。在这里，我们首先对配合提供组织能力调查以及提供其他数据的企业表示感谢，同时也对那些在繁忙的工作之余接受我们访谈并对我们提出宝贵意见的人们表示诚挚的谢意。此外，在数据归集和分析方面，我们公司的营业部门和数据统计部门等提供了大力的支持，我们对他们的客户联系点之多，数据归集速度之快以及数据的准确性深表惊讶，虽然这都是自家人，但本书的完成离不开他们的协助，在此一并表示感谢。另外，我们也感谢 Recruit Works 研究所能够同意我们使用"2005 年人力资源管理调查"的调查数据。

作为研究项目的代表，能够代表项目组向所有帮助过我们的人表示感谢，这是我们最大的荣幸。再次向各位表示感谢！

我们有过更换工作的经历，也有过担任企业顾问的经历。在这个过程中，我们见证了很多，每个组织都有每个组织的优点，但在很多组织中，这些优点并没有发挥应有的作用。我们见过非常成功的企业组织管理案例，也见过企业的衰退和重组。虽然不能说出这些企业的名字，但我们认为作为从业者所独有的亲身体验是推进这项研究必不可少的因素。

合适的组织和人力资源管理可以成为企业提升业绩的竞争优势。特别是在环境急剧变化的情况下，组织和人力资源管理是最能灵活应对这种变化的财富，会对业绩产生巨大的影响。另外，环境的急剧变化也会使组织和人力资源管理变得更加困难。对比以前的管理者和现在的管理者，不管是以前的经理和现在的经理，还是以前的业务主管和现在的业务主管，不管从哪个层次看，好像都是现在的管理者更为辛苦。如果本书能对类似的日本企业的管理者有所帮助，我们将不胜荣幸。

最后，我们要感谢东洋经济新报社出版局的黑坂浩一先生，以及《东洋经济 HR 在线》主编田宫宽之先生为出版本书所做的巨大努力。衷心感谢！

川田弓子

本合晓诗

2010 年初夏